# CHANTILLY

---

## DONATION A L'INSTITUT DE FRANCE

### 25 OCTOBRE 1886

---

## ACTES, DÉCRETS & RAPPORTS

### 1886-1900

31 Décembre 1900

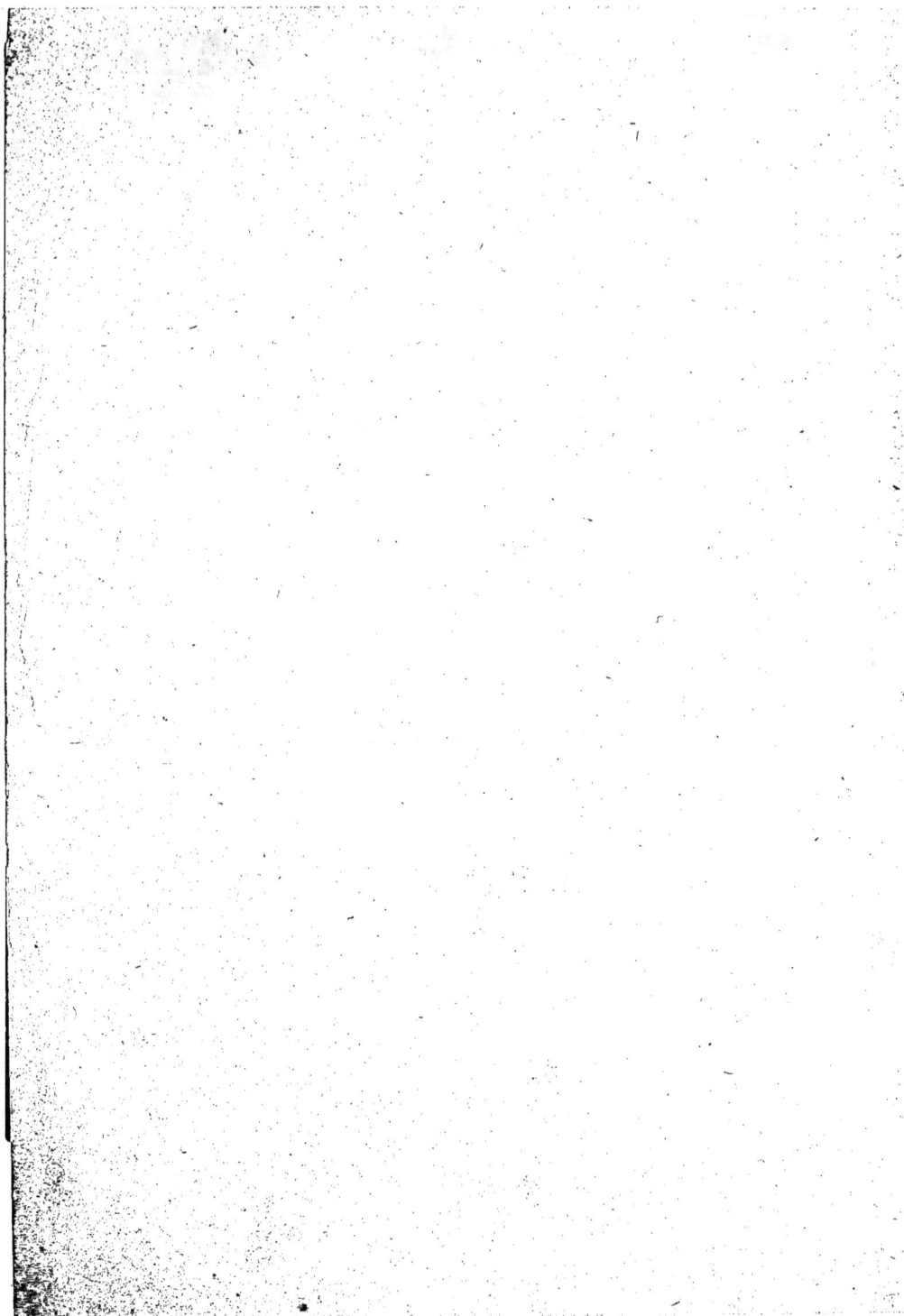

# CHANTILLY

## DONATION A L'INSTITUT DE FRANCE

### 25 OCTOBRE 1886

## ACTES, DÉCRETS & RAPPORTS

### 1886-1900

# LETTRE

ADRESSÉE A

## MONSIEUR LE PRÉSIDENT DE L'INSTITUT DE FRANCE

———————

Paris, le 29 septembre 1886.

Monsieur le Président,

Nous avons l'honneur de vous donner communication d'une lettre qui nous a été adressée par M<sup>gr</sup> le duc d'Aumâle.

Nous joignons à cette lettre un Extrait, certifié par M. Fontana, notaire à Paris, du testament olographe qui s'y trouve mentionné.

Nous nous tenons à la disposition de la commission administrative de l'Institut pour réaliser, d'accord avec elle, la donation dont il s'agit, et pour remplir ainsi la mission que M<sup>gr</sup> le duc d'Aumale nous a fait l'honneur de nous confier.

Veuillez agréer, Monsieur le Président, l'hommage de notre haute considération.

*Signé :* Bocher, Denormandie, Edmond Rousse.

Wood Norton, 29 août 1886.

MESSIEURS ET CHERS AMIS,

Désirant assurer la destination que, d'accord avec mes héritiers, je réserve aux château et domaine de Chantilly, je veux accomplir dès aujourd'hui une résolution qui pourrait être, après ma mort, entravée par des difficultés de détail faciles à aplanir de mon vivant.

En conséquence j'ai invité M. Fontana, notaire à Paris, à ouvrir le pli qui renferme mon testament olographe en date du 3 juin 1884, et je l'ai chargé de vous remettre une copie authentique des paragraphes de ce testament qui concernent le domaine de Chantilly, ainsi que la copie des codicilles ajoutés depuis et qui se rattachent au même objet.

Je fais appel à votre amitié, à vos lumières, et je demande votre concours pour que les dispositions contenues dans ces actes puissent recevoir actuellement leur exécution, sous réserve de l'usufruit que j'entends conserver, non pas seulement pour jouir, le cas échéant, de l'usage et de l'habitation, mais pour terminer certaines parties encore inachevées de l'œuvre que j'ai entreprise, réduire les frais d'administration, enfin, dans l'intérêt des communes et des indigents du voisinage.

Je vous donne, à cet effet, les pouvoirs les plus étendus, même celui de modifier les dispositions accessoires qui ne

vous paraîtraient pas conciliables avec l'objet principal
que j'ai en vue.

Je vous prie de vous faire assister par M. Limbourg,
avocat, qui a ma confiance, et qui est au courant de mes
intentions.

Recevez, Messieurs et chers amis, l'assurance de mes
plus affectueux sentiments.

                    *Signé :* H. d'ORLÉANS.

## ASSEMBLÉE GÉNÉRALE

### 6 octobre 1886

L'Institut, réuni en assemblée générale, entend la lecture de la lettre de MM. Bocher, Denormandie et Rousse, de celle de M^r le duc d'Aumale et de l'extrait du testament olographe adressé par M. Fontana.

Au nom de la Commission administrative, M. Aucoc propose la résolution suivante :

« L'Institut de France, réuni en assemblée générale, « après avoir pris connaissance des pièces relatives à la « donation qui lui est faite par M^r le duc d'Aumale « du domaine de Chantilly,

« Adresse à M^r le duc d'Aumale l'expression de sa « vive reconnaissance pour cette généreuse et patriotique « libéralité et charge sa commission centrale administra- « tive de faire le nécessaire pour régulariser l'accepta- « tion de la donation ».

Cette résolution est adoptée à l'unanimité des membres présents.

# ACTE DE DONATION

## (25 octobre 1886)

---

Par-devant M<sup>e</sup> Henri-Eugène FONTANA et M<sup>e</sup> Louis-François LANQUEST, notaires à Paris, soussignés,

Ont comparu :

1° M. Pierre-Henri-Édouard BOCHER, sénateur, officier de la Légion d'honneur, demeurant à Paris, rue de Varenne, 59 ;

2° M. Louis-Jules-Ernest DENORMANDIE, ancien gouverneur de la Banque de France, sénateur, chevalier de la Légion d'honneur, demeurant à Paris, boulevard Haussmann, n° 89 ;

3° Et M. Edmond ROUSSE, membre de l'Académie française, ancien bâtonnier de l'Ordre des avocats près la Cour d'appel de Paris, chevalier de la Légion d'honneur, demeurant à Paris, boulevard Haussmann, n° 17,

> Agissant tous trois au nom et comme mandataires de Monseigneur Henri-Eugène-Philippe-Louis d'Orléans, duc d'Aumale, général de division, membre de l'Institut, grand-croix de la

2

Légion d'honneur, domicilié de droit à Paris,
rue de Varenne, n° 59, et résidant actuellement
à Woodnorton (Angleterre),

Et ce, aux termes de la procuration qu'il leur a
collectivement donnée, suivant acte passé en mi-
nute et en la présence réelle de témoins devant
M. Perrette, chancelier du consulat général de
France à Londres, le 21 octobre présent mois, et
dont une expédition délivrée, ledit jour vingt et un
octobre, par M. Perrette et revêtue de mentions
de légalisation dont la dernière émane du Ministère des Affaires étrangères de France, demeurera
annexée aux présentes, revêtue d'une mention
d'annexe signée des notaires soussignés,

Lesquels, préalablement à la donation faisant l'objet
des présentes, ont exposé ce qui suit :

### Exposé.

Dans un testament olographe en date, à Chantilly (Oise),
du 3 juin 1884, Monseigneur le duc d'Aumale, mandant
des comparants, s'est exprimé en ces termes :

« Voulant conserver à la France le domaine de
Chantilly dans son intégrité, avec ses bois, ses
pelouses, ses eaux, ses édifices et ce qu'ils contiennent, trophées, tableaux, livres, archives, objets d'art, tout cet ensemble qui forme comme un
monument complet et varié de l'art français dans
toutes ses branches et de l'histoire de ma patrie à

des époques de gloire, j'ai résolu d'en confier le
dépôt à un corps illustre qui m'a fait l'honneur de
m'appeler dans ses rangs à un double titre, et qui,
sans se soustraire aux transformations inévitables
des sociétés, échappe à l'esprit de faction, comme
aux secousses trop brusques, conservant son indépendance au milieu des fluctuations politiques. »

En conséquence, Monseigneur le duc d'Aumale a légué
à l'Institut de France, pour en disposer dans des conditions déterminées, le domaine de Chantilly tel qu'il exis-
terait au jour de son décès, avec la bibliothèque et les
collections artistiques et historiques qu'il y a formées.

Depuis, et à la date du 29 août 1886, Monseigneur le
duc d'Aumale, désirant aplanir les difficultés de détail que
pourrait rencontrer cette disposition, a résolu de l'exécuter de son vivant, et a donné aux comparants, par lettre
missive, mandat de transformer en un acte authentique
portant donation entre vifs, et irrévocable sous réserve
d'usufruit, les dispositions testamentaires qui viennent
d'être rappelées.

Les pouvoirs ainsi donnés ont été confirmés aux termes
d'une procuration passée en la forme authentique et so-
lennelle, devant M. le Consul de France à Londres, en
présence de témoins, le 21 octobre présent mois, ci-dessus
énoncée.

### Donation.

Cet exposé terminé, les comparants, pour remplir la
mission dont ils ont été honorés, et pour constituer régu-

lièrement entre les mains de l'Institut la fondation dont il
s'agit, font par les présentes, au nom de leur mandant,
donation entre vifs et irrévocable, à l'Institut de France,
des biens meubles et immeubles ci-après désignés, savoir :

### Désignation.

Le domaine de Chantilly, tel qu'il existe actuellement,
avec la bibliothèque et les autres collections artistiques
et historiques qu'il renferme, les meubles meublants,
statues, trophées d'armes, voitures, selles et harnais
ayant un caractère historique ; les archives, sauf la partie
de celles-ci qui concerne l'administration des autres domaines appartenant au donateur, et sauf aussi tous les
papiers et documents postérieurs à l'année mil huit cent
quinze, en tant que ces papiers ne se rapportent pas à la
propriété même de Chantilly.

Les immeubles composant le domaine faisant partie de
la présente donation sont d'une contenance totale de neuf
mille cinquante-sept hectares quarante-neuf ares environ
et consistent principalement dans :

1º Le château de Chantilly et ses dépendances, les jardins, parcs, étangs, canaux, le tout situé communes de
Chantilly, Saint-Firmin et Saint-Léonard (Oise);

2º Les bois, terres et prés situés sur les communes de
Gouvieux, Lamorlaye et Chantilly (Oise);

3º La forêt du Lys, le bois de Royaumont, les marais
de la Thève, et diverses chaussées et routes situées communes de Lamorlaye (Oise), d'Asnières, de Luzarches et de
Viarmes (Seine-et-Oise) :

4° La forêt de Coye, diverses pièces de terre, prés et friches, les maisons forestières, le Moulin du Bois et le château ou pavillon de la Reine-Blanche, situés communes de Lamorlaye, Coye, Orry-la-Ville, la Chapelle-en-Serval (Oise), Luzarches et Chaumontel (Seine-et-Oise) ;

5° La forêt de Chantilly, les terres et friches dites les usages de Gouvieux et les maisons forestières situées communes de Chantilly, Gouvieux, Lamorlaye, Coye, Orry-la-Ville, Pontarmé et Saint-Léonard (Oise) ;

6° La forêt de Pontarmé, située sur les communes de Pontarmé, Saint-Léonard, Thiers et Senlis (Oise) ;

7° Le grand parc de Chantilly, situé communes de Saint-Firmin et Apremont (Oise) ;

8° Les bois de la Coharde et de Saint-Maximin, et diverses pièces de terre situées communes de Saint-Maximin, Gouvieux, Apremont et Chantilly (Oise) ;

Et 9° les terres et friches composant la ferme de Courtillet et diverses remises éparses dans ces terres, le tout situé communes de Saint-Firmin, Saint-Léonard, Courteuil et Aumont (Oise).

Ensemble tous biens urbains et ruraux pouvant dépendre de chacune des parties ci-dessus indiquées sommairement.

Ainsi au surplus que ledit domaine s'étend, se poursuit et se comporte sans aucune exception ni aucune autre réserve que celles ci-après stipulées, comme aussi sans aucune garantie de la contenance sus-indiquée et avec toutes mitoyennetés et servitudes, et en général avec tous droits actifs et passifs pouvant exister ; le tout devant faire le profit ou la perte du donataire qui n'aura jamais de recours à exercer contre Monseigneur le duc d'Aumale,

donateur, et, bien entendu, sans que la présente clause
puisse donner à qui que ce soit plus de droits qu'il n'en
aurait en vertu de titres réguliers et non prescrits ou de
la loi, et sans qu'elle puisse nuire aux droits résultant en
faveur du donataire de la loi du vingt-trois mars mil huit
cent cinquante-cinq.

« A titre d'ordre, il est fait remarquer ici que la
section du Lys, qui faisait autrefois partie de la
commune de Lamorlaye, a été érigée en commune
sous le nom de commune du Lys, et que, par conséquent, les biens qui font partie du domaine de
Chantilly et qui étaient autrefois situés commune
de Lamorlaye se trouvent aujourd'hui répartis sur
lesdites deux communes de Lamorlaye et du Lys. »

Ne font pas partie et sont seuls exceptés de l'énuméra-
tion ci-dessus et de la présente donation :
Le bois des Aigles, situé communes de Gouvieux et
Lamorlaye ;
Et le bois Coupé, situé commune de Saint-Firmin.
Lesdits bois d'une contenance totale de deux cent qua-
rante hectares vingt ares environ.
Au surplus, l'ensemble du domaine de Chantilly est
figuré en un plan qui demeure ci-annexé, après avoir été
certifié véritable par les comparants à sa mention d'annexe ;
lequel plan indique les parties qui doivent être conservées à perpétuité, celles dont on peut disposer, et les biens
non compris dans la présente donation.
Les parties qui doivent être conservées sont indiquées
par une teinte verte.

Celles dont on peut disposer sont indiquées par une teinte jaune clair.

Et les biens non compris dans la présente donation sont indiqués par une teinte noir clair.

Enfin, les comparants, au nom de Monseigneur le duc d'Aumale, réservent à leur mandant le soin d'établir ultérieurement, s'il le juge à propos, la désignation détaillée et l'origine de propriété en sa personne, des biens objets de la présente donation.

## Charges et Conditions.

# I

### CONSERVATION DES BIENS DONNÉS

La présente donation est faite à la charge, par l'Institut de France, de conserver à perpétuité au domaine entier et aux collections qu'il renferme leur caractère et leur destination, et spécialement de n'apporter aucun changement dans l'architecture extérieure ou intérieure du château, des pavillons d'Enghien et de Sylvie, du jeu de Paume et des trois petites chapelles ; de conserver à la chapelle du château sa destination, avec le matériel qui lui est affecté et les objets d'art ou autres qu'elle renferme ; de veiller sur le dépôt des cœurs des Condé qui y sont recueillis, et d'y faire célébrer la messe les dimanches et jours de fête, ainsi que les jours anniversaires dont la liste sera donnée aux exécuteurs testamentaires du donateur.

De conserver également le caractère et la destination des parcs, jardins, canaux et rivières, ainsi que la distribution générale des forêts, étangs et fontaines ; d'appeler, dans les conditions qui seront ci-dessous précisées, le public et les hommes d'étude à la jouissance des collections de tout genre, ainsi que des parcs, jardins et promenades, et d'entretenir le tout en se conformant aux règles générales ci-dessus tracées, et en y donnant tous les soins d'un bon père de famille.

Pour faciliter à l'Institut l'administration des biens compris dans la présente donation et l'entretien de la fondation qui lui est confiée, il est entendu qu'il pourra disposer comme il le jugera le plus conforme à ses intérêts de toutes les parties du domaine qui sont situées à l'ouest de la route nationale n° 16 de Paris à Amiens, à l'exception des près et cours d'eau dits « la « Canardière ».

L'Institut pourra de même disposer des terrains ou parcelles ci-après :

1° Les Ripailles, la Coharde, les bois de Saint-Maximin ;

2° La partie sur Vineuil comprise entre les huit rangs, le chemin de fer de Chantilly à Senlis, le mur extérieur du grand parc et le chemin de grande commuuication de Chantilly à Senlis ;

3° Les terres et bois compris entre le grand parc et le chemin ancien de Gouvieux à Senlis, partant de la porte Vaillant ;

Et 4° enfin, les terres, prés et parties non boisées avoisinant le village de Coye.

Ces parties sont d'ailleurs indiquées par une teinte jaune clair sur le plan sus-énoncé et ci-annexé.

Les produits des aliénations que l'Institut ou le donateur (dans les conditions qui seront ci-après déterminées)
pourraient faire de ces parties ne seront affectés qu'à l'acquit des charges de la présente donation, ou de celles gre-
vant la propriété elle-même, ou à des placements en rente
sur l'État français ou en obligations de chemins de fer ayant
un intérêt garanti par lui.

Toutefois, il est stipulé aux présentes que les tiers ne
devront pas suivre ou exiger lesdits emplois et ne seront
nullement responsables de leur utilité ou de leur validité.

## II

### RÉSERVE D'USUFRUIT

La présente donation est faite sous réserve de l'usufruit
que le donateur entend conserver sa vie durant sur tous
les biens meubles et immeubles qui y sont compris.

Par exception aux règles ordinaires, l'Institut de France
n'aura à supporter, pendant la durée de cet usufruit,
aucune des charges qui, d'après le Code civil, pourraient
incomber au nu propriétaire, le donateur usufruitier prenant, en tant que de besoin, l'obligation de supporter ces
charges, et se réservant d'ailleurs le droit d'effectuer à ses
frais tous les travaux qu'il jugerait utiles et de nature à
compléter l'œuvre qu'il a entreprise.

Pendant la durée de l'usufruit, le donateur conservera,
conformément aux dispositions du Code civil, et sans
donner caution, l'entière jouissance et la libre administration de tous les biens meubles et immeubles compris dans

3

la présente donation, édifices, collections, terres, bois,
prés et forêts ; il continuera à gérer notamment celles-ci
par les soins des agents de son choix, en suivant l'ordre
et les règles des aménagements auxquels elles sont actuellement soumises.

Dans l'intérêt du nu propriétaire et pour la plus facile
administration du domaine objet de la présente donation,
le donateur aura le droit de réaliser lui-même, et sans
l'assistance et l'autorisation du nu propriétaire, l'aliénation
de toutes les parties du domaine énumérées ci-dessus et
indiquées au plan annexé aux présentes, à la charge de faire
emploi de leur prix, soit en rente sur l'État, soit en obligations de chemins de fer français ayant un intérêt garanti
par lui, et immatriculés au nom de Monseigneur le duc
d'Aumale pour l'usufruit et au nom de l'Institut pour la
nue propriété.

### Conditions particulières.

Indépendammant des conditions générales ci-dessus stipulées, la présente donation est faite aux charges suivantes :
1° D'acquitter annuellement jusqu'à complet amortissement les sommes dues au Crédit foncier de France à raison
des deux emprunts d'ensemble 4 250 000 francs, résultant
de quatre actes reçus par Mᵉ Lamy, notaire à Paris, prédécesseur immédiat de Mᵉ Fontana, soussigné, qui en a
les minutes, à la date des 4-27 novembre 1874, 24 décembre 1880 et 14 février 1881 ; lesdits emprunts réduits
à la date du 31 juillet dernier, à environ 4 039 600 francs, et
devant être, par suite de l'amortissement, entièrement

remboursés le 31 juillet 1934, et de payer en conséquence au Crédit foncier l'annuité de 204 485 fr. 30 afférente à ces emprunts.

Par application de ce qui a été dit ci-dessus relativement au payement des charges pendant la durée de l'usufruit, il est bien entendu que, pendant cette durée, l'annuité ci-dessus indiquée due au Crédit foncier sera acquittée par l'usufruitier seul, sans que le nu propriétaire puisse y être tenu.

Quelle que soit d'ailleurs, au moment de la cessation de l'usufruit, la situation hypothécaire de tout ou partie des immeubles compris dans la présente donation, l'Institut de France n'aura à supporter d'autres charges que celles indiquées au présent paragraphe ; en conséquence, les héritiers et représentants du donateur devront, dans le délai de deux années à compter de son décès, rapporter la mainlevée entière et définitive de toutes inscriptions d'hypothèque, de privilège ou autres qui pourraient grever les immeubles donnés, à l'exception toutefois de celle prise au profit du Crédit foncier de France, en garantie du prêt de 4 250 000 francs dont il est ci-dessus parlé ;

2° De servir aux départements, communes, paroisses et établissements ci-après désignés les sommes suivantes, comprises dans les dispositions testamentaires du donateur, savoir :

A l'hospice Condé, à Chantilly, une rente annuelle et perpétuelle de 15000 francs, que ledit hospice emploiera dans les termes et selon l'esprit de sa fondation (le donateur ne pouvant trouver un meilleur moyen d'exprimer aux habitants de Chantilly et des communes voisines sa gratitude des sentiments qu'ils lui ont toujours témoignés);

Au département de l'Oise, qui, en 1871, a rouvert au donateur les portes de la Patrie, et, depuis lors, l'a constamment maintenu à la présidence de son Conseil général jusqu'à la loi du 22 juin 1886, une rente annuelle et perpétuelle de 10000 francs, qui sera portée au budget départemental sous les conditions ci-après déterminées, savoir :

*A.* Au sous-chapitre XII, sous le titre de subventions aux communes, une somme de 3000 francs consacrée à l'entretien ou à l'amélioration des édifices communaux et paroissiaux ;

*B.* Au même sous-chapitre, une somme de 2000 francs, sous le titre de secours aux communes pour le traitement des malades et incurables indigents des communes privées d'établissements hospitaliers ;

*C.* Au sous-chapitre VIII, une somme de 1500 francs pour secours à des prêtres indigents et infirmes ;

*D.* Au sous-chapitre XV, article 3, une somme de 2500 francs pour l'entretien, dans un ou plusieurs lycées ou collèges, de bourses au profit d'enfants présentés par la commune de Chantilly;

*E.* Celle de 1000 francs pour distributions de prix dans les écoles communales ;

Aux églises et communes ci-après désignées, une rente annuelle et perpétuelle de 2883 fr. 50, savoir: église de Notre-Dame de Liesse (Aisne), 593 francs; — église de Lamorlaye (Oise), 80 fr. 50 ; — église de Saint-Léonard (Oise), 150 francs; — commune de Coye (Oise), 510 francs; — commune de Saint-Léonard (Oise), 800 francs, — et commune de Saint Firmin (Oise), 750 francs ;

Au lycée Fontanes, à Paris, la somme annuelle de
1 000 francs pour solde du prix de Guise, qui a été fondé
par le donateur;

A l'Association des anciens élèves du collège Henri IV,
une rente annuelle et perpétuelle de 1 000 francs;

Enfin, au lycée Henri IV, à Paris, la somme annuelle de
1 000 francs pour remettre à l'élève qui, terminant ses
classes dans l'année, sera jugé le plus méritant par un jury
composé du proviseur du lycée et de quatre professeurs,
aussi dudit lycée, choisis parmi les titulaires des chaires
les plus élevées.

Ces diverses charges acquittées, l'Institut de France
emploiera l'excédent des revenus et l'intérêt des capitaux
provenant des aliénations qui auraient pu être faites, dans
les limites ci-dessus déterminées :

1° A l'entretien en parfait état des bâtiments, parcs,
jardins, collections, œuvres d'art et de toutes les autres
parties du domaine objet de la donation;

2° A l'acquisition, dans la proportion qu'il déterminera,
d'objets d'art de tous genres, livres anciens ou modernes,
destinés à enrichir ou compléter les collections, mais sans
pouvoir faire à cet égard aucun échange et sans pouvoir
prêter aucun des objets qui les composent;

3° A la création de pensions et d'allocations viagères en
faveur des hommes de lettres, des savants ou des artistes
indigents ;

4° A la fondation de prix destinés à encourager ceux
qui se vouent à la carrière des lettres, des sciences ou des
arts.

Il prendra d'ailleurs les dispositions nécessaires pour

que les galeries et collections de Chantilly soient, sous le nom de *Musée Condé*, ouvertes au public deux fois par semaine pendant six mois de l'année, et pour qu'en tout temps les étudiants, les hommes de lettres et les artistes puissent y trouver les facilités de travail et de recherches dont ils auraient besoin.

Les parcs et jardins devront être ouverts au public deux fois par semaine. La haute surveillance du musée et des collections de tout genre, la direction générale du domaine au point de vue de l'art et de l'agrément seront confiées à trois conservateurs qui seront nommés par l'Institut et choisis : un parmi les membres de l'Académie française, président ; un parmi les membres de l'Académie des beaux-arts ; un parmi les membres des autres classes de l'Institut. Ils feront à l'Institut toutes les propositions relatives aux opérations et acquisitions importantes, à la création et à la distribution des prix. Ils auront droit à un logement à Chantilly. Sous leurs ordres, un conservateur adjoint et résidant à Chantilly sera chargé de la garde et de l'entretien du musée et des collections ;

5° Le donateur désire que l'Institut conserve dans les emplois qu'ils occupent les gardes et serviteurs qui seront, au jour de son décès, attachés au domaine de Chantilly ; ceux de ces employés qui, sans motifs légitimes et contrairement à leur volonté, ne seront pas maintenus en fonctions devront recevoir une allocation viagère de retraite réversible proportionnellement, le cas échéant, sur leurs veuves, et calculée sur les bases du règlement institué par le donateur au mois de février mil huit cent soixante-quinze.

Les allocations viagères ainsi attribuées resteront à la charge de l'Institut, sans conférer en aucun cas à ceux qui pourront y prétendre aucun droit contre la succession du donateur.

Il va sans dire que l'Institut sera libre d'établir, pour ceux de ses employés qui entreront à son service sans avoir jamais servi le donateur, les dispositions qui lui sembleront convenables.

### Observation concernant le mobilier.

Il est ici observé que dans l'ensemble des objets mobiliers dont l'Institut de France deviendra nu propriétaire aussitôt après l'acceptation de la présente donation, sont spécialement compris :

*A.* Le diamant rose en cœur connu sous le nom de « Grand Condé » et qui, en effet, a été porté par ce prince, avec les petits diamants qui l'entourent;

*B.* Le poignard orné de pierres précieuses donné par S. A. R. le duc d'Orléans à Abd-el-Kader en 1838, et qui fut trouvé dans la smalah de l'Émir en 1843, avec le sabre que S. M. le roi Louis-Philippe avait donné à ce dernier;

*C.* Le poignard enrichi de diamants qui a été donné au donateur en 1846 par le Bey de Tunis;

*D.* Quinze animaux en argent, œuvre de Barye;

E. Le sabre droit à garde d'acier dont le donateur s'est servi pendant ses campagnes et périodes de service militaire, le désir du donateur étant que ce sabre soit con-

servé auprès de son guidon, déjà placé dans l'un des trophées qui ornent le château de Chantilly.

Les seuls objets exceptés de la présente donation sont
les objets, effets, armes à l'usage personnel du donateur,
l'argenterie et autres objets affectés au service de la table,
les choses fongibles, les chevaux, voitures et équipages
de service, les bijoux, diamants et pierreries ne rentrant
pas dans les collections artistiques, ainsi que certains
tableaux, portraits et autres objets ayant surtout le caractère de souvenirs de famille.

La recherche de ces divers objets ainsi que le triage des
papiers exceptés, comme il a été dit ci-dessus, de la présente donation, seront faits, après l'expiration de l'usufruit,
contradictoirement entre les représentants de l'Institut
et les exécuteurs testamentaires du donateur, la mission
de ces derniers devant s'étendre aussi, dans les termes du
codicille fait au Nouvion en Thiérache, le 14 juillet 1886,
à la réintégration dans le château de Chantilly des objets
mobiliers qui, compris dans la présente donation, auraient été momentanément déplacés.

### Stipulation finale.

Dans le cas où, pour une cause quelconque et à quelque
époque que ce soit, l'Institut ne remplirait pas, où serait
empêché de remplir l'une ou l'autre des conditions ci-
dessus établies, la présente donation sera révoquée et le
donateur ou ses héritiers recouvreront immédiatement la
pleine propriété de tous les immeubles et objets mobiliers
qui y sont compris.

**Honoraires.**

Les honoraires des présentes seront, selon la volonté expresse du donateur, supportés par lui-même.

Dont acte,

Fait et passé à Paris, rue de Varenne, n° 59, l'an mil huit cent quatre-vingt-six, le vingt-cinq octobre,

En présence de M. Henri Limbourg, avocat à la Cour d'appel de Paris, officier de la Légion d'honneur, conseil désigné par Monseigneur le duc d'Aumale.

Et après lecture faite, MM. Bocher, Denormandie et Rousse ont signé avec M. Limbourg et les notaires.

La lecture des présentes et la signature des parties ont eu lieu en la présence réelle de M° Lanquest, second notaire, conformément à la loi.

Ensuite est écrit :

Enregistré à Paris, 13ᵉ bureau, le 25 octobre 1886, f° 54, verso, case 2. Reçu 3 francs, décime 0,75.                    *Signé :* ZIMMERMANN

*Signé :* ZIMMERMANN.

INSTITUT DE FRANCE

# ASSEMBLÉE GÉNÉRALE

## 27 octobre 1886

L'Institut, réuni en assemblée générale extraordinaire, entend la lecture du rapport présenté au nom de la Commission centrale administrative par M. Aucoc sur la Donation de Chantilly, dont la teneur suit :

« Messieurs, lorsque nous avons eu l'honneur, dans la séance du 6 octobre, de vous entretenir pour la première fois, au nom de la commission administrative, de la donation du domaine de Chantilly faite à l'Institut, par M. le duc d'Aumale, vous n'étiez qu'en présence d'une promesse; aujourd'hui vous êtes en présence d'un acte.

Vous saviez alors que, par un testament écrit en 1884, M. le duc d'Aumale, voulant conserver à la France le domaine de Chantilly avec ses collections artistiques d'un si grand prix, tout cet ensemble qui forme, comme il a dit lui-même, « un monument complet et varié de l'art français dans toutes ses branches et de l'histoire de notre

patrie à des époques de gloire », léguait ce magnifique
domaine à l'Institut, dont il est membre, à un double
titre, en imposant à l'Institut la charge de conserver ce
domaine avec le musée et la bibliothèque qu'il renferme,
de les mettre à la disposition du public et d'en employer
les revenus, déduction faite des charges d'entretien, à
accroître les collections, à donner des pensions aux hommes
de lettres, aux savants et aux artistes indigents, à encourager par des prix les jeunes gens qui se vouent à la carrière des lettres, des sciences et des arts. Vous saviez que
ce legs allait être transformé en une donation entre vifs,
désormais irrévocable, par l'organe des mandataires que
M. le duc d'Aumale avait désignés.

Vous avez reçu avec une vive émotion la nouvelle des
résolutions de M. le duc d'Aumale et vous n'avez pas voulu
tarder à exprimer les sentiments de vive reconnaissance
que vous inspirait « cette généreuse et patriotique libéralité ». En même temps, convaincus que la mission qui vous
était confiée par le donateur, bien que, à certains égards,
elle n'ait pas de précédents, rentrait dans les attributions
de l'Institut, appelé, par les lois et ordonnances qui l'ont
fondé et organisé, à contribuer aux progrès des lettres,
des sciences et des arts, vous avez chargé votre commission administrative centrale de faire le nécessaire pour
régulariser l'acceptation de cette donation.

Votre commission administrative centrale s'est immédiatement mise en relations avec les représentants de M. le
duc d'Aumale, MM. Bocher, Denormandie et Rousse,
assistés de Me Limbourg. Nous n'avons pas besoin de
dire que nous avons trouvé chez eux le concours le plus

empressé : ils avaient reçu pour instruction de faire tout
ce que désirerait l'Institut de France. Les clauses de l'acte,
dont plusieurs dispositions étaient nouvelles par suite de
la transformation du legs en donation sous réserve d'usufruit, ont été revues et arrêtées, d'accord avec les représentants du donateur, d'abord par une sous-commission,
puis par la commission centrale administrative, assistée du
bureau de l'Institut. L'acte de donation a été signé à Paris
le 25 octobre, jour anniversaire de la fondation de l'Institut, par-devant Mᵉ Fontana et Mᵉ Lanquest, notaires, en
vertu d'une procuration spéciale donnée par M. le duc
d'Aumale devant le consul de France à Londres.

C'est de cet acte de donation que nous avons à vous
rendre compte.

Nous n'avons pas besoin d'insister sur ce que vous connaissez déjà, sur le but de la fondation instituée, non pas
pour l'Institut, mais pour la France, car l'Institut n'a que
l'honneur d'être l'organe de la généreuse pensée du donateur, il n'est qu'un dépositaire chargé de faire jouir le
public du domaine et des précieuses collections qu'il renferme, chargé de distribuer des pensions aux hommes de
lettres, aux savants et aux artistes, et de distribuer des prix
aux jeunes gens qui se vouent à la carrière des lettres, des
sciences et des arts.

Nous n'avons pas non plus à vous donner ici les détails
que votre commission a recueillis sur la valeur du domaine,
sur les revenus dont vous aurez un jour la disposition et
sur les charges dont ils seront temporairement ou définitivement grevés.

Votre commission, en vertu du mandat que vous lui

avez donné, a approfondi toutes ces questions. Nous sommes en mesure de vous dire que les revénus du domaine
dépasseront de beaucoup, même dès le début de la cessation de l'usufruit, les charges hypothécaires et les charges
d'entretien, et qu'il restera à votre disposition une somme
considérable, destinée à s'accroître encore, pour le développement des collections, les pensions et les prix. Quant
à la valeur des collections, vous la connaissez tous et nous
n'essayerons pas de la préciser par des chiffres. Les questions juridiques n'ont pas été examinées avec moins de soin
par votre commission, et la rédaction a été calculée de façon
à éviter toutes les difficultés.

Un point mérite de vous être signalé parce qu'il est nouveau. M<sup>r</sup> le duc d'Aumale s'est réservé l'usufruit des biens,
meubles et immeubles, qu'il donne à l'Institut. Vous trou-
verez assurément cette réserve bien légitime. Mais nous
devons ajouter qu'elle n'est pas motivée uniquement par
le désir de jouir encore de ces collections auxquelles il a
consacré tant de soins, d'argent et de goût. M<sup>r</sup> le duc d'Aumale veut aussi compléter son œuvre et faire des dépenses
considérables pour achever les bâtiments. Toutefois, la
réserve d'usufruit pouvait entraîner un grave embarras
financier si l'on s'en était tenu aux dispositions du Code
civil. D'après le droit commun, l'usufruitier n'est chargé que
des réparations d'entretien ; le nu-propriétaire est chargé
des grosses réparations. Notre budget ne nous aurait pas
permis de payer ces dépenses. Mais le donateur a tout prévu : il n'a pas voulu que l'Institut eût à supporter une charge
quelconque tant qu'il ne serait pas en possession des revenus. Une clause spéciale de l'acte règle cette question.

Après avoir étudié la donation en elle-même, dans ses rapports avec la mission de l'Institut, dans les ressources qu'elle met à votre disposition, dans les charges qu'elle vous impose ; après nous être appliqués à nous mettre d'accord avec les principes du droit civil, nous avons dû chercher à nous mettre en règle avec la jurisprudence administrative.

Tout nous paraît régulier à ce point de vue, et nous pensons que rien dans les traditions du Conseil d'État ne s'oppose à ce que l'autorisation vous soit accordée par le gouvernement.

Sans doute les donations aux établissements publics sous réserve d'usufruit au profit du donateur ont soulevé fréquemment des objections, bien qu'elles aient l'avantage considérable de rendre irrévocables les libéralités. Une ordonnance de 1831 en interdit même l'autorisation quand il s'agit de donations aux établissements ecclésiastiques, et la jurisprudence a souvent étendu cette règle à des donations faites à des établissements laïques. Mais il y a des exceptions à cette règle. Il y a plusieurs exemples d'autorisations accordées dans des circonstances semblables, notamment la donation Anastasi faite à l'Académie des Beaux-Arts, en 1875. Aussi bien, les raisons qui ont déterminé cette jurisprudence ne sont pas applicables ici et c'est ce qui doit vous rassurer complètement. Si le Conseil d'État voit de mauvais œil les donations sous réserve d'usufruit, c'est qu'elles permettent à un donateur, sans se priver de la jouissance de ses biens, d'empêcher ses héritiers légitimes de faire opposition à l'autorisation des libéralités et de demander la réduction ou le refus de l'autorisation comme ils peuvent le faire quand ils sont en présence d'un testament. En conséquence, lorsqu'il autorise par exception des donations entre vifs de cette espèce, ce n'est qu'après avoir fait prendre des renseignements sur l'ensemble de la fortune du donateur et sur la situation de ses héritiers. Ici cette préoccupation ne peut exister. Mʳ le duc d'Aumale, dans son testament, affirmait en 1884 que ses héritiers étaient d'accord avec lui. Aujourd'hui, M. le Comte de Paris a voulu donner un témoignage authentique de cet accord en chargeant son notaire d'assister le notaire de M. le duc d'Aumale pour recevoir l'acte de donation. Nous sommes donc, à ce point de vue, dans les mêmes conditions que si la libéralité était faite par un testament avec le consentement formel des héritiers. Les circonstances dans lesquelles se réalise la donation du domaine de Chantilly justifient d'ailleurs, à tous égards, la réserve d'usufruit au profit du donateur puisque, ainsi que nous l'avons déjà indiqué, Mʳ le duc d'Aumale entend faire des dépenses considérables de constructions pour compléter son œuvre. Il nous paraît donc certain que cette réserve d'usufruit n'est pas de nature à soulever de difficultés.

Par tous ces motifs, Messieurs, votre commission administrative centrale vous propose d'accepter provisoirement la donation, de demander au gouvernement l'autorisation de l'accepter définitivement et de donner au bureau de l'Institut les pouvoirs nécessaires à cet effet.

En nous apportant l'acte que nous venons d'apprécier devant vous, l'honorable mandataire du duc d'Aumale, M. Bocher, nous disait qu'il se félicitait de concourir à la réalisation d'une libéralité digne du pays auquel elle est offerte, digne du prince donateur et de sa famille qui est complètement d'accord avec lui, digne du corps illustre qui va en être le dépositaire. Nous nous sommes associés à ses sentiments et nous pouvons ajouter, en votre nom, que l'Institut de France est aussi fier qu'il est reconnaissant d'avoir été choisi pour conserver ce précieux dépôt.

*Signé :* LÉON AUCOC.

A la suite de cette lecture, le Président met aux voix l'acceptation provisoire de la Donation.

Cette proposition est acceptée à l'unanimité.

L'Institut charge une commission de faire auprès du gouvernement les démarches nécessaires pour obtenir l'autorisation d'accepter définitivement la donation.

La Commission est composée de MM. ZELLER, président de l'Institut ; BARTHÉLEMY SAINT-HILAIRE, président de la Commission centrale administrative ; AUCOC, tous les trois membres de l'Académie des Sciences morales et politiques ; CAMILLE DOUCET, de l'Académie française ; Amiral JURIEN DE LA GRAVIÈRE, de l'Académie des Sciences ; GASTON PARIS, de l'Académie des Inscriptions et Belles-Lettres ; GARNIER, de l'Académie des Beaux-Arts.

# ACTE DE DONATION

## DES BIENS MEUBLES

### 3 décembre 1886

*[Après un exposé des faits, l'acte est ainsi conçu :]*

Depuis le 25 octobre dernier, date de la donation sus-énoncée, les comparants, mandataires de M<sup>gr</sup> le duc d'Aumale, se sont occupés de dresser un état descriptif et estimatif de divers biens meubles garnissant le domaine de Chantilly, énoncés sommairement dans ladite donation générale.

A l'heure actuelle, cet état étant terminé, les comparants vont renouveler, en tant que de besoin, la donation par M<sup>gr</sup> le duc d'Aumale en faveur de l'Institut de France, en ce qui concerne les objets compris audit état.

## DONATION

Cet exposé terminé, les comparants, continuant la mission dont ils sont honorés, renouvellent par ces présentes et font en tant que de besoin, au nom de leur mandant, donation entre vifs et irrévocable à l'Institut de France, des biens meubles détaillés, désignés et estimés en l'état sus-énoncé.

Cet état, écrit sur six feuilles de timbre à un franc quatre-vingts centimes en date à Paris de cejourd'hui et signé par les comparants, en présence de M. Zeller, président de l'Institut de France, est demeuré ci-joint et annexé après mention et après avoir été certifié véritable par lesdits comparants; ledit état non enregistré le sera avec les présentes.

Ces biens meubles, qui sont d'une valeur estimative de huit millions quarante-quatre mille trois cent cinquante francs, ainsi que le constate ledit état ci-annexé, devront être pris par le donataire, à l'extinction de l'usufruit, tels qu'ils existeront et se comporteront alors, sans exception ni réserve; étant observé que dans ledit état sont compris divers objets qui n'ont pas été estimés, attendu leur nature historique et de famille; toutefois, pour satisfaire au vœu de la loi, ces objets seront portés pour une somme d'un franc.

Pour les charges, clauses et conditions, il est référé à l'acte de donation générale du 25 octobre dernier.

Dont acte,

Fait et passé à Paris, rue de Varenne, n° 59,
L'an mil huit cent quatre-vingt-six,
Le 3 décembre.

Et lecture faite, MM. Bocher, Denormandie et Rousse ont signé avec les notaires.

# DÉCRET

DU

## 20 DÉCEMBRE 1886

———

Le Président de la République française,

Sur le rapport du Ministre de l'Instruction publique et des Beaux-Arts,

Vu l'acte reçu en la chancellerie du consulat général de France à Londres, le 21 octobre 1886, par lequel M<sup>r</sup> le duc d'Aumale constitue pour ses mandataires MM. Bocher et Denormandie, sénateurs ; Rousse, de l'Académie française, en leur donnant pouvoir de faire conjointement, pour lui et en son nom, donation irrévocable à l'Institut de France, sous la réserve d'usufruit:

1° Du domaine de Chantilly ;

2° Des objets mobiliers, ayant un caractère historique ou artistique, des livres et des collections rassemblées par le donateur dans le château de Chantilly ;

Vu l'acte de donation passé à Paris le 25 octobre 1886, en conséquence dudit mandat, par-devant M<sup>es</sup> Fontana et Lanquest, notaires ;

Vu l'extrait du procès-verbal de la séance des cinq Académies de l'Institut, du 27 octobre 1886 ;

Vu la lettre du Président de l'Institut datée du même jour;

Vu l'acte notarié du 3 décembre 1886, par lequel messieurs Bocher, Denormandie et Rousse, renouvellent et font, en tant que de besoin, au nom de leur mandant, la donation des biens meubles désignés dans un état estimatif annexé audit acte;

Vu le plan certifié du domaine de Chantilly, portant désignation des parties inaliénables ou réservées, ledit plan annexé au présent décret;

Le Conseil d'État entendu,

Décrète:

### ARTICLE PREMIER.

L'Institut de France est autorisé à accepter, aux clauses, charges et conditions imposées, la donation entre vifs et irrévocable à lui faite par Henri-Eugène-Philippe-Louis d'Orléans, duc d'Aumale, suivant actes des 25 octobre et 3 décembre 1886, susvisés, de la nue propriété du domaine de Chantilly, des livres, collections, objets d'art et objets mobiliers rassemblés dans le château de Chantilly.

A l'expiration de l'usufruit, et après réserve faite annuellement des sommes nécessaires à l'acquittement des fondations imposées par le donateur, les revenus du domaine devront être consacrés notamment: à l'entretien des bâtiments, parcs, jardins et collections: au développement de la bibliothèque et des galeries; à la création de pensions et d'allocations viagères en faveur des savants, hommes de lettres et artistes indigents; à la fondation de prix destinés à encourager ceux qui se vouent à la carrière des sciences, des lettres ou des arts; enfin, aux dépenses spéciales qui pourront résulter de l'ouverture au public des parcs et jardins, et de la fréquentation des galeries et collections qui devront prendre le nom de « Musée Condé. »

### ARTICLE 2.

Le Ministre de l'Instruction publique et des Beaux-Arts est chargé de l'exécution du présent décret.

Fait à Paris, le 20 décembre 1886.

*Signé:* JULES GRÉVY.

Par le Président de la République,

Le Ministre de l'Instruction publique et des Beaux-Arts.

*Signé:* BERTHELOT.

*Pour ampliation,*

Le Chef de Bureau du Cabinet.

*Signé:* ROUJON.

INSTITUT DE FRANCE

# ASSEMBLÉE GÉNÉRALE

DU

## 24 DÉCEMBRE 1886

M. le Président donne lecture d'une lettre par laquelle M. le Ministre de l'Instruction publique, des Cultes et des Beaux-Arts adresse à l'Institut de France l'ampliation d'un décret présidentiel en date du 20 décembre, qui l'autorise à accepter définitivement la donation faite à l'Institut par Mᵍʳ le duc d'Aumale :

Paris, 22 décembre 1886.

« MONSIEUR LE PRÉSIDENT,

« J'ai l'honneur de vous envoyer ci-jointe, pour être déposée dans les archives de l'Institut de France, ampliation d'un décret qui autorise l'Institut à accepter la dona-

6

tion que lui a faite M^r le duc d'Aumale par actes notariés, en date du 25 octobre et du 27 octobre 1886.

Agréez, Monsieur le Président, l'assurance, etc.

« Le Ministre de l'Instruction publique et des Beaux-Arts.

« Pour le Ministre et par autorisation :

« Le Directeur du Secrétariat,

« *Signé* : CHARMES. »

Lecture est donnée du décret du 20 décembre [Voir page 37, à sa date].

L'Institut, par un vote unanime, décide que cette donation est définitivement acceptée.

Et à l'effet de notifier la présente acceptation et signer les actes nécessaires, l'Institut délègue spécialement M. Zeller (Jules-Sylvain), officier de la Légion d'honneur, Président de l'Institut; M. Jules Simon (François), chevalier de la Légion d'honneur, secrétaire du bureau de l'Institut; M. Barthélemy Saint-Hilaire (Jules), chevalier de la Légion d'honneur, Président de la Commission centrale administrative de l'Institut, et M. Aucoc (Jean-Léon), commandeur de la Légion d'honneur, secrétaire de ladite Commission, auxquels il donne pouvoir de faire ou d'autoriser en son nom tous actes réguliers pour la disponibilité, conservation et emploi de ladite fondation.

Et enfin, de tous actes et sommes reçus, donner toutes décharges et quittances valables, approuver tous payements et remises de fonds qui seront déposés par eux entre les mains de M. Julia-Félix Pingard, chevalier de la Légion d'honneur, agent spécial de l'Institut, demeurant au palais de l'Institut de France.

L'acceptation définitive du domaine de Chantilly et de ses collections ayant été votée à l'unanimité, le Président donne lecture d'un projet de lettre rédigé par la Commission centrale administrative, et qui est ainsi conçue :

« MONSEIGNEUR ET TRÈS HONORÉ CONFRÈRE,

« L'Institut de France, au moment où il vient d'accepter la donation que vous avez bien voulu lui faire de votre domaine de Chantilly, vous adresse l'expression de sa vive reconnaissance.

« Par cette magnifique libéralité, vous n'avez pas seulement ajouté à l'éclat de notre institution, vous nous avez donné de puissants moyens d'aider au progrès des lettres, des sciences et des arts. Sans cesser d'être notre confrère, vous avez désormais votre place au premier rang des bienfaiteurs de l'Institut.

« Veuillez agréer, Monseigneur et très honoré confrère, avec l'assurance de notre vive reconnaissance, l'hommage de notre profond respect. »

Ce projet de lettre est adopté à l'unanimité après quelques observations. Il est décidé que cette lettre, signée par les présidents et secrétaires du bureau de l'Institut, de la commission centrale administrative et de chacune des Académies, sera immédiatement adressée à Monseigneur le duc d'Aumale.

# ACTE D'ACCEPTATION

## 29 décembre 1886

Par-devant Mᵉ Henri-Eugène Fontana et Mᵉ Étienne-Maurice Guérin, notaires à Paris, soussignés,

Ont comparu :

M. Jules-Sylvain Zeller, président de l'Institut de France, président de l'Académie des sciences morales et politiques, officier de la Légion d'honneur, demeurant à Paris, rue le Goff, n° 1 ;

M. Jules Simon, membre de l'Académie française, secrétaire perpétuel de l'Académie des sciences morales et politiques, secrétaire du bureau de l'Institut de France, sénateur, chevalier de la Légion d'honneur, demeurant à Paris, place de la Madeleine, n° 10 ;

M. Jules Barthélemy Saint-Hilaire, président de la Commission administrative centrale de l'Institut de France, sénateur, chevalier de la Légion d'honneur, demeurant à Paris, boulevard Flandrin, n° 4 ;

Et M. Jean-Léon Aucoc, membre de l'Académie des sciences morales et politiques, secrétaire de la Commission administrative centrale de l'Institut, commandeur de la Légion d'honneur, demeurant à Paris, rue Sainte-Anne, n° 51 ;

Tous quatre délégués par l'Institut de France, réuni en séance extraordinaire le 24 décembre 1886, à l'effet d'accepter la donation dont il va être ci-après parlé ;

L'Institut de France autorisé lui-même à accepter ladite donation par décret de M. le Président de la République française, en date, à Paris, du 20 décembre 1886, contresigné par M. le Ministre de l'Instruction publique et des Beaux-Arts, et dont une ampliation délivrée par M. Roujon, chef de bureau au cabinet du Ministre de l'Instruction publique et des Beaux-Arts, est demeurée déposée dans les archives de l'Institut de France ;

Un extrait du procès-verbal de la séance extraordinaire de l'Institut de France, ci-dessus énoncée, délivré par M. Zeller, comparant, en qualité de Président de l'Institut, et contenant la teneur littérale du décret d'autorisation susvisé, a été certifié véritable par les comparants, et est demeuré annexé, revêtu de la mention d'usage, aux présentes, avec lesquelles il sera visé pour timbre, et enregistré ;

Lesquels, après avoir pris lecture et communication de deux actes reçus par Mᵉ Fontana, soussigné, et Mᵉ Lanquest, son collègue, notaires à Paris, le 25 octobre dernier et le 3 décembre présent mois (1886), enregistrés, aux termes desquels les mandataires, en vertu d'acte authen-

tique, de M<sup>gr</sup> Henri-Eugène-Philippe-Louis d'Orléans, duc
d'Aumale, général de division, membre de l'Institut de
France, grand-croix de la Légion d'honneur, domicilié de
droit à Paris, rue de Varenne, n° 59, et résidant actuellement à Woodnorton (Angleterre), — ont, au nom de leur
mandant, fait donation entre vifs et irrévocable, à l'Institut
de France,

Du domaine de Chantilly avec la bibliothèque et les
collections artistiques et historiques qu'il renferme, les
meubles meublants, statues, trophées d'armes, voitures,
selles et harnais ayant un caractère historique, les archives,
sauf la partie de celles-ci concernant l'administration des
autres domaines du donateur, et sauf aussi tous les papiers
et documents postérieurs à l'année 1815, en tant que ces
papiers ne se rapportent pas à la propriété même de
Chantilly, — laquelle donation a eu lieu sous diverses
charges et conditions énoncées en l'acte du 25 octobre, et
notamment sous réserve de l'usufruit en faveur du donateur, sa vie durant, de tous les biens meubles et immeubles
qui en formaient l'objet ;

Ont, par ces présentes, déclaré accepter purement et
simplement, au nom de l'Institut de France, les donations
immobilière et mobilière résultant desdits actes des 25 octobre dernier et 3 décembre présent mois, et obliger
l'Institut de France à l'exécution de toutes les clauses et
conditions contenues dans l'acte du 25 octobre dernier
(1886).

Observation d'ordre

sur la désignation des immeubles donnés

et sur la

délimitation des parties aliénables.

Pour ordre, il est observé ici :

Premièrement, que c'est à tort et par erreur si, dans la désignation des immeubles donnés, faite dans l'acte du 25 octobre dernier, on a indiqué, comme faisant partie des biens donnés, la propriété connue sous le nom de « Moulin du Bois ». Cette propriété avait été, en effet, aliénée par Monseigneur le duc d'Aumale dès avant la donation.

Du reste, dans la contenance totale de neuf mille cinquante-sept hectares quarante-neuf ares environ, indiquée audit acte, n'est pas comprise celle de ladite propriété du « Moulin des Bois », et, par conséquent, cette contenance totale reste bien telle qu'elle a été indiquée audit acte, sans aucune réduction.

Deuxièmement :

Et au sujet de la partie des biens dont l'aliénation a été

permise par le donateur aux termes de l'acte du 25 octobre dernier sus-énoncé :

Qu'une indication plus détaillée desdits biens aliénables peut, ainsi que Monseigneur le duc d'Aumale en a fait l'observation, être faite de la manière suivante :

1° Les Ripailles, la Coharde, les bois de Saint-Maximin ;

2° La partie sur Vineuil comprise entre les huit rangs, le chemin de fer de Chantilly à Senlis, le mur extérieur du grand parc et le chemin de grande communication de Chantilly à Senlis ;

3° Les terres et bois compris entre le grand parc et le chemin ancien de Gouvieux à Senlis, partant de la porte Vaillant ;

4° Enfin, les terres, prés et bois situés à l'ouest de la limite ci-après tracée :

Depuis la gare de Chantilly, cette limite suivrait : le chemin de fer, jusqu'à la route forestière de Lamorlaye ; — cette route, jusqu'à la route nationale n° 19, de Paris à Amiens ; — la route de la Côte de Lamorlaye, — la route des Tombes, jusqu'au chemin de fer, — le chemin de fer jusqu'à la route de la Grange-du-Bois ; — à partir de cette dernière route, toutes les parties, tant à l'est qu'à l'ouest du chemin de fer, sont aliénables, — étant rappelé que cette désignation n'est que l'explication de la teinte jaune du plan annexé à l'acte de donation immobilière.

Pour faire notifier les présentes à Monseigneur le duc d'Aumale, conformément à l'article 932 du Code civil, tout pouvoir est donné au porteur d'une expédition ou d'un extrait.

7

Mention des présentes est consentie partout où besoin sera.

Dont acte,

Fait et passé à Paris, à l'Institut de France, l'an 1886, le 29 décembre.

> *Signé :* J. ZELLER.
> JULES SIMON.
> B. SAINT-HILAIRE.
> LÉON AUCOC.
> GUÉRIN et FONTANA,
>
> ces deux derniers notaires.

INSTITUT DE FRANCE

# ASSEMBLÉE GÉNÉRALE

DU

## 12 JANVIER 1887

M. le Président donne lecture d'une lettre par laquelle M. le duc d'Aumale remercie ses confrères de l'Institut des remerciements qui lui ont été adressés après l'acceptation définitive de la généreuse donation du domaine de Chantilly.

Cette lettre est ainsi conçue :

« Londres, 30 décembre 1886.

« MONSIEUR LE PRÉSIDENT,

« MESSIEURS,

« Je suis heureux d'avoir pu contribuer à augmenter la grandeur et l'éclat de l'Institut de France.

«Touché et reconnaissant des termes dans lesquels vous

m'annoncez la réalisation d'un de mes vœux les plus chers, je vous prie d'offrir à toute notre Compagnie l'assurance de mes plus affectueux sentiments et de me croire toujours votre dévoué confrère.

*Signé* : H. D'ORLÉANS.

« Messieurs les membres du Bureau de l'Institut et de la commission administrative. »

# ASSEMBLÉE GÉNÉRALE

DU

## 7 JUILLET 1897

La parole est donnée à M. Aucoc pour la lecture d'un rapport sur l'entrée en possession du domaine de Chantilly et sur les legs qui complètent la donation.

MESSIEURS,

Il y a environ onze ans, au mois d'octobre 1886, vous receviez la nouvelle que M. le duc d'Aumale, alors en exil, « voulant, comme il le disait, conserver à la France le domaine de Chantilly avec ses bois, ses pelouses, ses eaux, ses édifices et ce qu'ils contiennent, trophées, tableaux, livres, archives, objets d'art, tout cet ensemble qui forme un monument complet et varié de l'art français dans toutes ses branches et de l'histoire de notre patrie à des époques de gloire », en faisait donation, sous réserve d'usufruit, à

l'Institut de France, et vous acceptiez avec reconnaissance
cette généreuse et patriotique libéralité.

Depuis cette époque, soit pendant la durée de ce second
exil que vos démarches ont contribué à abréger, soit après
son retour en France, en 1889, le Prince s'est appliqué à
compléter son œuvre, et par des actes importants de
gestion, et par des codicilles ajoutés à son testament.

Aujourd'hui, par suite de la mort du Prince donateur (1),
l'Institut est entré en possession de ce domaine. Nous
venons vous rendre compte, au nom de la Commission
administrative centrale, des conditions dans lesquelles
s'opère votre prise de possession et des libéralités nouvelles par lesquelles M. le duc d'Aumale a mérité une
fois de plus votre gratitude.

Travailler à réaliser ses intentions, c'est ajouter un nouvel hommage à tous ceux qui lui ont été si justement rendus.

## § I. — EFFETS DE LA DONATION.

Vous vous rappelez comment, dans la donation en date
du 25 octobre 1886, acceptée par l'Institut le 29 décembre
suivant, en vertu de l'autorisation donnée par un décret
du 20 décembre, M. le duc d'Aumale a précisé l'affec-
tation du domaine et l'emploi qui devait être fait de l'excédent des revenus sur les charges.

L'Institut doit conserver à perpétuité au domaine et
aux collections qu'il renferme leur caractère et leur destination. Il doit prendre les dispositions nécessaires pour

----

(1) M. le duc d'Aumale est mort à Palerme le 7 mai 1897.

que les galeries et les collections, qui porteront le nom
de Musée Condé, soient ouvertes au public deux fois par
semaine pendant six mois de l'année, et accessibles en tout
temps aux étudiants, aux hommes de lettres et aux artistes
pour leurs travaux. Les parcs et jardins doivent aussi être
ouverts au public deux fois par semaine.

L'excédent des recettes, après l'acquittement des charges,
doit être employé :

1° A l'entretien en parfait état des bâtiments, parcs,
jardins, collections, œuvres d'art et de toutes les autres
parties du domaine ;

2° A l'acquisition d'objets d'art de tout genre, livres
anciens ou modernes, destinés à enrichir ou compléter les
collections ;

3° A la création de pensions et d'allocations viagères en
faveur des hommes de lettres, des savants ou des artistes
indigents ;

4° A la fondation de prix destinés à encourager ceux qui
se vouent à la carrière des lettres, des sciences ou des arts.

Tel est le but de la donation.

Quant aux charges qu'elle comporte pour l'Institut, ce
sont d'abord toutes celles qui incombent nécessairement
à la propriété, ensuite l'obligation d'acquitter les sommes
dues au Crédit foncier pour un emprunt hypothécaire qui
sera entièrement remboursé en 1934 ; enfin, l'obligation de
servir des rentes perpétuelles à l'hospice Condé à Chantilly, au département de l'Oise, à diverses églises et communes, au lycée Condorcet et au lycée Henri IV de Paris
(environ 32 000 francs).

Pour acquitter ces charges, l'Institut ne dispose pas seu-

lement des revenus du domaine. Il peut aliéner une cer-
taine étendue de terres et bois dont la délimitation a été
faite dans l'acte de donation, et se créer avec les intérêts
du prix de vente des revenus supplémentaires.

La Commission administrative centrale a fait une étude
approfondie des dépenses, y compris les charges dont nous
venons de parler, et des recettes qui permettent d'y faire face.

Elle estime que les produits des titres, des locations
diverses se rapportant à la chasse, aux courses, aux terres
et fermes, aux maisons, à la pêche, aux coupes de bois,
qui montent à plus de 390 000 francs, dépassent les dépenses et les charges d'une somme d'environ 40 000 francs.

Cet excédent donne largement les moyens d'atteindre le
but principal de la donation : conserver le domaine de
Chantilly et le mettre à la disposition du public avec les
richesses d'art et les souvenirs historiques qu'il renferme.

D'autre part, la charge provenant des annuités dues au
Crédit foncier, et dont le chiffre est actuellement de
86 318 francs, s'éteindra en 1934.

D'ailleurs nous avons dit que l'Institut peut trouver des
ressources nouvelles par le produit de l'aliénation de terres
et bois d'une étendue assez considérable, conformément
aux intentions du donateur.

L'opération a été décidée en 1886 ; dans l'acte de donation, l'Institut a donné mandat au Prince d'aliéner toutes
les parties du domaine déclarés aliénables. En exécution
de cette clause, M. le duc d'Aumale a vendu 1 116 hectares
sur 3 650 hectares compris dans le périmètre aliénable. Il
en reste 2 534. Les 1 116 hectares vendus ont rapporté
2 969 000 francs ; une partie a été employée en titres, une

autre a été employée à réduire l'annuité due au Crédit foncier qui montait, en 1886, à 204 485 francs.

Votre Commission pense qu'il faut vous donner la liberté de saisir les occasions favorables qui se présenteraient, et elle vous demande de l'autoriser à continuer la vente soit à l'amiable, soit aux enchères, des terres et bois aliénables, à la condition d'en employer le produit conformément à la donation, soit en rentes ou en obligations de chemins de fer, soit à l'acquit des charges de la donation ou de celles qui grèvent la propriété.

Il vous sera rendu compte chaque année du résultat de ces opérations.

La vente va pouvoir s'opérer immédiatement pour des terrains d'une étendue de 266 087 mètres divisés en lots, au lieu dit les bois de Saint-Denis, terrains à bâtir dont une partie a déjà été vendue avantageusement et qui sont évalués 626 000 francs.

Telle est, en résumé, la situation financière.

Quant au personnel, conformément au désir formellement exprimé par le donateur, la Commission administrative centrale a maintenu dans les emplois qu'ils occupaient les agents, gardes et serviteurs attachés au domaine. Elle a confirmé également dans sa situation M. Macon, conservateur adjoint chargé de la garde et de l'entretien des collections, « particulièrement désigné, dit le Prince dans un de ses codicilles, par ses aptitudes spéciales et son érudition ».

Elle a prié notre confrère, M. Daumet, de continuer son précieux concours pour l'exécution des travaux.

Elle a formé une commission de trois membres, prise

8

dans son sein, qui sera chargée d'expédier les affaires de
Chantilly au point de vue administratif et financier, et elle
lui a adjoint comme collaborateur M. Limbourg qui avait
participé à la rédaction de la donation de 1886 et était
depuis longtemps investi de la confiance de M. le duc
d'Aumale.

Elle vous signale qu'il conviendrait de procéder à l'élection des trois conservateurs prévue par l'acte de donation
dans les termes suivants :

« La haute surveillance du Musée et des collections de
tout genre, la direction générale du domaine au point de
vue de l'art et de l'agrément seront confiées à trois conservateurs qui seront nommés par l'Institut et choisis :
un parmi les membres de l'Académie française, président ;
un parmi les membres de l'Académie des Beaux-Arts ; un
parmi les membres des autres classes de l'Institut. Ils
feront à l'Institut toutes les propositions relatives aux
opérations et acquisitions importantes, à la création et à
la distribution des prix. »

§ II. — CODICILLES QUI COMPLÈTENT LA DONATION.

Nous avons terminé ce qui concerne l'exécution de la
donation. Il nous reste à vous entretenir des libéralités
testamentaires par lesquelles M. le duc d'Aumale l'a com-
plétée.

Par un codicille du 20 octobre 1887, il dispose que les
parcelles de terre ou de bois, acquises par lui postérieurement à 1886 et comprises dans le périmètre tracé sur le
plan joint à l'acte de donation, sont attribuées à l'Institut.

Ces parcelles de terre ne représentent que 8 hectares 17 ares : elles sont évaluées environ à 15 000 francs. Elles avaient été achetées pour faire disparaître des enclaves ou arrondir les terres.

Un autre codicille du 2 janvier 1888 a une importance beaucoup plus considérable.

Vous vous rappelez que, en ce qui concerne les objets mobiliers faisant partie de la bibliothèque, des collections artistiques et des archives de Chantilly, il avait dû être fait, pour la validité de la donation, en exécution de l'article 948 du Code civil, un inventaire descriptif et estimatif où l'on se proposait de comprendre tous les objets qui, dans les intentions du Prince, faisaient partie du Musée Condé. Mais, faute de temps, cet inventaire était resté incomplet. D'ailleurs, il ne pouvait pas comprendre tous les objets acquis postérieurement à 1886.

En vertu d'un codicille du 2 janvier 1888, le Prince ajoute à la donation mobilière constatée par les actes du 25 octobre et du 3 décembre 1886 tous les objets qui seront, au jour de son décès, marqués du cachet portant les mots ou l'emblème Musée Condé.

Il lègue en conséquence tous ces objets à l'Institut de France, auquel ses exécuteurs testamentaires seront chargés de les délivrer après qu'ils les auront disposés dans les galeries et les appartements de Chantilly à la place qui leur aura été assignée par les instructions qui leur seront laissées. Il fait de ce droit de disposition attribué aux exécuteurs testamentaires une condition expresse du legs.

Pour les objets qui ne seraient pas marqués du cachet Musée Condé ou compris dans le catalogue que le Prince

se proposait de faire dresser, il charge ses exécuteurs testamentaires de désigner eux-mêmes ceux qui doivent appartenir à la donation ou être réservés à sa succession. Les
exécuteurs testamentaires devront, dit le codicille, « pour
remplir cette partie de leur mandat, s'inspirer de mes
intentions en exécutant de la manière la plus large la fondation que j'ai faite en faveur de l'Institut de France ».

Nous avons été informés que les exécuteurs testamentaires ont terminé leur examen et qu'ils ont été, en effet,
très larges en faveur de l'Institut.

Une note fort intéressante présentée par un des exécuteurs testamentaires, M. Limbourg, rédigée (il l'indique
lui-même) par M. Macon, conservateur adjoint du Musée
Condé, donne un état approximatif de la valeur des livres,
manuscrits, tableaux, objets d'art acquis depuis 1886. Elle
est de 1 470 404 francs. Mais il faudrait rechercher aussi la
valeur des objets qui existaient au moment de la donation
de 1886 et n'ont pas pu être compris dans l'inventaire.

Le chiffre estimatif, donné dans l'inventaire de 1886,
était de 8 millions. D'après la note de M. Macon, le chiffre
total actuel des collections réunies à Chantilly peut être
porté à 15 millions.

La bibliothèque seule entre dans ce chiffre pour 5 millions ; elle se compose de 13 000 volumes précieux à divers
titres, y compris 1 400 manuscrits, et de 15 000 volumes de
lecture et de travail, au total 28 000 volumes.

Il est plus difficile d'évaluer les archives si riches du
château, cabinet des lettres, trésor des chartes, cabinet des
registres, cabinet des plans.

La galerie de tableaux que vous avez tous admirée, se

compose de plus de 5oo toiles. Il faut y joindre 68g dessins de maîtres divers, une collection de 58o portraits
dessinés, dont plus de 4oo du XVIᵉ siècle, une collection
de 5oo portraits à l'aquarelle par Carmontelle, galerie de
la société du XVIIIᵉ siècle, 6oo portraits et dessins de
Raffet, une collection d'estampes de 3 ooo pièces dont
beaucoup sont de premier choix.

Il ne faut pas omettre les sculptures dans le château et
en dehors du château (plusieurs sont dues, vous le savez,
à des confrères éminents), la céramique, les antiquités, une
collection de monnaies et médailles, enfin les meubles et
les tapisseries.

Un grand nombre de ces objets ne figuraient pas sur
l'inventaire de 1886 et n'appartiennent à l'Institut qu'en
vertu du codicille de 1888.

A ce second codicille s'en ajoute un troisième.

Le Prince, dans l'acte de donation, se réservait de faire
au château les travaux nécessaires pour le compléter. Il en
avait arrêté les plans et les devis. Il y avait affecté d'abord
une somme de 65o ooo francs, qu'il léguait à l'Institut par
un codicille du 12 mars 1888, pour le cas où il ne les aurait
pas achevés avant sa mort. Cette somme a été portée plus
tard à 97o ooo francs, et, par un dernier codicille du 20 mai
1895, à 1 og5 ooo francs. Nous avons été informés qu'elle
a été employée en grande partie, mais qu'elle n'est pas
épuisée. Il reste disponible environ une somme de
2oo ooo francs. Les travaux à faire doivent être exécutés
sous la surveillance des exécuteurs testamentaires et sous
la direction de l'architecte qui est en fonctions.

Comme condition du legs d'objets mobiliers et du legs

de sommes d'argent affectées à l'exécution de travaux,
M. le duc d'Aumale, par un codicille du 4 mars 1895,
impose à l'Institut l'obligation : 1° de payer annuellement
à la ville de Chantilly une somme de 1 000 francs, représentant la consommation des bornes-fontaines dont il a
voulu conserver la jouissance gratuite à la population; 2° de
continuer la fourniture d'eau nécessaire au besoin de l'hospice Condé à Chantilly soit en nature, soit en argent, au
moyen d'un abonnement pris avec la ville. Ces charges
n'ont aucune importance.

Nous devons signaler encore une disposition qui, sans
être adressée directement à l'Institut, lui profitera.

Le 3 avril 1897, au moment de partir pour ce voyage
d'Italie d'où il ne devait revenir que dans un cercueil,
M. le duc d'Aumale disposait qu'il serait prélevé sur sa
succession une somme de 50 000 francs qui, sous la surveillance de ses exécuteurs testamentaires, serait employée à
l'achèvement et à l'impression des catalogues et inventaires des collections du Musée de Chantilly.

Nous savons que ces inventaires existent presque entièrement terminés. Quelques-uns ont été rédigés par des
membres de l'Institut. Le Prince en avait écrit lui-même
l'introduction quelques jours avant son dernier voyage.

Telles sont les dispositions testamentaires qui s'ajoutent
à la donation. Elles montrent la sollicitude avec laquelle
le Prince que nous regrettons si vivement s'attachait à
compléter l'œuvre qu'il vous a confié le soin de perpétuer
et qui honorera à jamais son nom.

Vous les accepterez, nous n'en doutons pas, avec une
profonde reconnaissance.

En résumé, Messieurs, la Commission administrative centrale vous propose :

1° De procéder à l'élection des trois conservateurs, prévue par l'acte de donation du 25 octobre 1886 ;

2° D'autoriser la Commission à continuer l'aliénation, soit à l'amiable, soit aux enchères, de toutes les terres et bois compris dans le périmètre des terrains aliénables tracé sur le plan annexé à l'acte de donation ;

3° D'accepter provisoirement les libéralités faites par M. le duc d'Aumale pour compléter la donation dans les codicilles du 20 octobre 1887, du 2 janvier 1888, du 20 mai 1895 et du 3 avril 1897.

Il est ensuite donné lecture de plusieurs codicilles de Mᵣ le duc d'Aumale qui complètent la donation de Chantilly. Après en avoir pris connaissance, l'Institut décide, par un vote unanime, qu'il les accepte provisoirement et que l'autorisation nécessaire pour pouvoir les accepter définitivement sera demandée au gouvernement.

# CODICILLES

QUI COMPLÈTENT LA DONATION DE CHANTILLY

---

**(20 octobre 1887.)**

Ceci est un codicille à mon testament olographe :

Je lègue à l'Institut de France les différentes parcelles, terres, bois ou prés, qui ont été ou seront acquises par moi dans le domaine de Chantilly, depuis la date du 25 octobre 1886, et qui n'ont pu, pour cette raison, être comprises dans l'acte de donation portant cette date, en tant que les parcelles rentreront dans le périmètre déterminé par les teintes jaunes et vertes du plan annexé à l'acte de donation.

J'excepte par conséquent de ce legs les parcelles que je pourrais acquérir du côté du Bois des Aigles, à l'ouest de la route nationale de Paris à Amiens; ces parcelles devant, comme le Bois des Aigles, appartenir à ma succession.

Je révoque en tant que de besoin toutes dispositions antérieures qui seraient contraires au présent ou qui auraient réglé dans d'autres conditions la destination du Bois des Aigles, ou éventuellement de son prix de vente;

9

je me suis réservé de prendre d'autres dispositions pour atteindre le but que je m'étais proposé.

Fait et écrit en entier de ma main, à Woodnorton, Evesham, Angleterre, le vingt octobre dix-huit cent quatre-vingt-sept.

*Signé :* Henri d'Orléans,

duc d'Aumale.

### (2 janvier 1888.)

Ceci est un codicille à mon testament olographe en date du 3 juin 1884.

J'ajoute à la donation mobilière constatée par les actes du 25 octobre et 3 décembre 1886, tous les objets qui seront, au jour de mon décès, marqués du cachet portant les mots ou l'emblème *Musée Condé.*

Je lègue en conséquence ces objets à l'Institut de France, auquel mes exécuteurs testamentaires seront chargés de les délivrer après qu'ils les auront disposés dans les galeries et appartements de Chantilly, à la place qui leur aura été assignée par les instructions que je leur laisserai. Je fais de ce droit de disposition conféré à mes exécuteurs testamentaires une condition expresse du présent legs.

Dans le cas où la mort me surprendrait avant que j'aye pu soit faire dresser le catalogue complet de ces objets, soit même les marquer tous du cachet qui doit les distinguer de ceux réservés à ma succession, je charge mes exécuteurs testamentaires de désigner eux-mêmes ceux des livres, dessins, tableaux, objets d'art et meubles qui doivent appartenir à la donation; ils devront, pour remplir cette partie de leur mandat, s'inspirer de mes intentions, en exécutant de la manière la plus large la fondation que j'ai faite en faveur de l'Institut de France.

Il demeure d'ailleurs entendu que si, par suite des présentes dispositions, des titres ou documents relatifs à la propriété ou à l'administration de mes divers domaines venaient, à raison de l'intérêt historique qu'ils peuvent présenter, à être compris dans le legs que je fais ainsi à l'Institut, mes héritiers ou légataires conserveraient les facultés les plus grandes pour les consulter lorsqu'ils le jugeraient nécessaire, et sans être astreints pour ce faire à tels règlements que l'Institut pourait établir. Il en sera de même pour toutes autres pièces ou titres que mes héritiers jugeraient utile de consulter.

Pour faciliter à mes exécuteurs testamentaires l'accomplissement de leur mandat, je leur donne, conformément à la loi, et avec tous les droits qu'elle confère, la saisine du mobilier.

Fait et écrit en entier de ma main, à Bruxelles, le deux janvier mil huit cent quatre-vingt-huit.

*Signé* : H. D'ORLÉANS.

### (12 mars 1888.)

Ceci est un codicille à mon testament olographe.

Ayant résolu d'affecter à l'achèvement de Chantilly, d'après les projets arrêtés par M. Daumet, membre de l'Institut, et approuvés par moi le 12 mars 1888, une somme de six cent cinquante mille francs (f. 650,000), je lègue à l'Institut de France ladite somme ou le reliquat qui n'en aurait pas été employé le jour de mon décès, sous la condition expresse que les travaux qui resteraient alors à exécuter seront continués sous la surveillance de mes exécuteurs testamentaires, et sous la direction de l'architecte qui sera en fonction. Les sommes ainsi léguées par moi à l'Institut devant être exclusivement affectées à l'exécution de ces travaux, le présent legs sera réduit, s'il y a lieu, au montant réel de la dépense qu'ils auront occasionnée, sans pouvoir dépasser le chiffre de 650,000 f. D'un autre côté, le présent legs sera nul et non avenu si les travaux eux-mêmes sont terminés avant mon décès.

Fait et écrit en entier de ma main, à Bruxelles, le douze mai 1888.

Signé : H. D'ORLÉANS.

### (27 juillet 1892.)

Ceci est un codicille à mon testament en date du 3 juin 1884.

...§ 2. Par décision en date du 15 juillet 1892, j'ai confié à M. Gustave Macon les fonctions de conservateur adjoint du Musée Condé. C'est à ce titre qu'il figure sur le sommier du personnel de mon administration et du domaine de Chantilly.

Il devra se tenir à la disposition de mes exécuteurs testamentaires, lesquels devront eux-mêmes le maintenir dans ces fonctions aux conditions fixées par mon testament confirmées par l'acte de donation.

Il recevra en cette qualité un traitement fixe annuel de huit mille francs (fr. 8 000) auquel j'ajoute une indemnité annuelle de deux mille francs (fr. 2 000). Je prie l'Institut de France de confirmer le choix que j'ai fait de M. Macon, et auquel il était particulièrement désigné par ses aptitudes spéciales et son érudition.

Si l'Institut de France ne croyait pas devoir maintenir M. Macon dans les fonctions que je lui ai confiées, il devra lui servir une rente annuelle et viagère de huit mille francs (fr. 8 000) que je lui lègue expressément.

Je fais du service de cette rente une condition formelle du legs que j'ai fait à l'Institut par mon codicille du 2 janvier 1888, relativement aux tableaux, livres et objets mobiliers non compris dans l'acte de donation.

Dans le cas où l'Institut ne remplissant pas la présente condition, le legs résultant du codicille du 2 janvier 1888 serait révoqué, le service de la rente que j'attribue à M. Macon incomberait à mes héritiers qui recueilleraient alors tous les objets mobiliers compris au codicille du 2 janvier 1888.

...§ 4. — Hospice Condé. — Les droits conférés aux princes de Condé et à leurs successeurs sur l'hospice de ce nom, par les lettres patentes de 1711 et 1736 ainsi que par l'ordonnance royale du 12 janvier 1815, n'ont été troublés par aucune ingérence administrative.

Pour faciliter à mes successeurs l'accomplissement des devoirs que nous imposent ces décisions souveraines, j'ai légué à l'hospice Condé une rente annuelle et perpétuelle

de quinze mille francs (fr. 15 000), que l'Institut devra
lui servir.

S'il arrivait, à une époque quelconque, que l'État, le
département, ou la commune voulussent restreindre, dans
quelque mesure que ce fût, les droits exclusifs qui nous
appartiennent sur cet établissement, le legs que je lui ai
fait serait immédiatement révoqué et deviendrait nul.

Mes successeurs seraient autorisés, dans ce cas, à conserver la libre disposition des valeurs que je leur ai
confiées et qui représentent une partie des sacrifices que
je me suis annuellement imposés dans l'intérêt de l'hospice et pour l'aider à conserver l'indépendance qui lui
aurait été enlevée, malgré les efforts que mes successeurs
ne manqueraient pas de déployer dans l'intérêt de la
fondation créée par nos prédécesseurs, et sans préjudice
des revendications qu'ils seraient en droit d'exercer.

§ 5. — Par codicille du 12 mars 1888, j'ai légué à l'Institut de France, sous certaines conditions, une somme de
six cent cinquante mille francs (fr. 650 000) destinée aux
travaux d'achèvement de Chantilly.

Sur cette somme, il a été dépensé à ce jour, ainsi que
l'indique un état signé de moi, en somme ronde, cinq cent
vingt mille francs (fr. 520 000).

Le reliquat de cent trente mille francs (fr. 130 000) ne
pouvant suffire à l'achèvement des travaux, j'ajoute à ce
reliquat la somme de trois cent vingt mille francs
(fr. 320 000) que je lègue à l'Institut de France sous les
mêmes conditions et qui sera affectée à l'exécution des
travaux énumérés dans l'état dont je viens de parler et

de ceux qui figureront sur le nouvel état que je fais dresser en ce moment.

.Toutes les sommes comprises au legs ci-dessus et qui
n'auraient pas été employées dans le délai de cinq ans
après mon décès selon mes indications, ou qui n'auraient
pas été nécessaires à l'exécution complète de mes volon-
tés feront retour à ma succession.

Fait et écrit en entier de ma main, à Chantilly, le vingt-
sept juillet mil huit cent quatre-vingt-douze.

*Signé :* H. d'Orléans.

### (13 juin 1894.)

Ceci est un codicille à mon testament.

Dans le cas prévu par mon codicille du 27 juillet 1892
d'une ingérence de l'État, du département ou de la commune dans l'administration de l'Hospice Condé à Chantilly, et par conséquent de la révocation du legs d'une
rente de 15000 francs fait par moi à cet hospice, c'est à
mon légataire universel ou à ses représentants que l'Institut devra servir annuellement ladite rente.

Il est bien entendu que les droits de mutation auxquels
pourrait donner lieu ce legs ainsi que ceux dont l'Institut
de France a accepté la charge par l'acte de donation n'in-
comberont en aucun cas à mon légataire universel.

Fait et écrit en entier de ma main, à Chantilly, le treize
juin mil huit cent quatre-vingt-quatorze.

*Signé :* H. d'Orléans.

### (14 juin 1894.)

Ceci est un codicille à mon testament.

§ 3. — Comme condition du legs résultant de mes codicilles en date des 20 octobre 1887, 2 janvier et 12 mars 1888,
je charge l'Institut de France d'assurer, soit en argent, soit
en nature, comme je le faisais moi-même, à son choix, la
fourniture d'eau nécessaire aux besoins de l'Hospice
Condé à Chantilly.

Fait et écrit en entier de ma main, à Chantilly, le qua-
torze juin mil huit cent quatre-vingt-quatorze.

*Signé :* H. D'ORLÉANS.

### (4 mars 1895.)

Ceci est un codicille à mon testament.

Comme charge et condition du legs d'objets fait à l'Institut de France par mon codicille du 2 janvier 1888, legs
dont l'importance a été sensiblement accrue par les acquisitions diverses que j'ai faites depuis cette date (elles dépassent aujourd'hui 1 400 000 francs), je lui impose l'obligation :

1° De payer annuellement à la ville de Chantilly une
somme de mille francs (1 000 fr.) représentant la consommation des bornes-fontaines dont j'ai voulu conserver la
jouissance gratuite à la population de Chantilly, à charge
par la ville de maintenir toujours le nombre, le caractère
et la forme extérieure desdites bornes ;

2° De continuer à l'Hospice Condé la fourniture gratuite
de l'eau nécessaire à la consommation, soit en nature, ainsi
que je le fais moi-même par le réservoir des Grandes Écu-

ries et la conduite spéciale établie à cet effet, soit en argent, au moyen d'un abonnement pris avec la ville, dans le cas où l'Institut préférerait ce dernier mode, mais sans que la consommation de l'hospice puisse en subir une réduction.

Cet article confirme et développe la prescription contenue au § 3 de mon codicille du 14 juin 1894.

Fait et écrit en entier de ma main, à Chantilly, le quatre mars 1895.

*Signé :* H. D'ORLÉANS.

### (20 mai 1895.)

Ceci est un codicille à mon testament olographe.

Par mes codicilles des 12 mars 1888 et 27 juillet 1892, j'avais affecté aux travaux d'achèvement de Chantilly une somme de 970 000 francs, et j'avais légué à l'Institut de France cette somme et son reliquat pour le cas où les travaux ne seraient pas terminés au moment de mon décès. Le reliquat non employé aujourd'hui, 125 000 francs environ, étant insuffisant pour achever les travaux dont j'ai arrêté le plan, j'y ajoute une somme de 125 000 francs et j'élève par conséquent, du chiffre de 970 000 francs à celui de un million quatre-vingt-quinze mille (1 095 000 fr.) le legs institué par lesdits codicilles.

Fait et écrit en entier de ma main, à Chantilly, le vingt mai dix-huit cent quatre-vingt-quinze.

*Signé:* H. D'ORLÉANS.

## (3 avril 1897.)

Ceci est un codicille à mon testament olographe.

Il sera prélevé sur ma succession une somme de cinquante mille francs (50000 fr.), qui, sous la surveillance de mes exécuteurs testamentaires, sera employée à l'achèvement et à l'impression des Catalogues et Inventaires des collections du Musée Condé à Chantilly.

Fait à Chantilly, le trois avril 1897.

*Signé:* H. D'ORLÉANS.

# DÉCRET

## 31 DÉCEMBRE 1897

---

Le Président de la République Française,

Sur le rapport du Ministre de l'Instruction publique, des Beaux-Arts et des Cultes,

Vu la donation en forme authentique, du 25 octobre 1886, consentie à l'Institut de France par Henri-Eugène-Philippe-Louis d'Orléans, duc d'Aumale;

Vu le décret, en date du 20 décembre 1886, autorisant l'Institut de France à accepter, aux charges, clauses et conditions imposées, la donation à lui faite par Henri-Eugène-Philippe-Louis d'Orléans, duc d'Aumale ;

Vu l'acte authentique d'acceptation par l'Institut de France, en date du 29 décembre 1886 ;

Vu les codicilles des 20 octobre 1887, 2 janvier et 12 mars 1888, 27 juillet 1892, 13 et 14 juin 1894, 4 mars et 20 mai 1895, et 3 avril 1897, qui complètent la donation de Chantilly;

Vu l'extrait du procès-verbal de la séance tenue le 7 juillet 1897, par l'Assemblée générale de l'Institut de France ;

Vu le décret du 1er février 1896;

Le Conseil d'État entendu,

Décrète :

## ARTICLE PREMIER.

L'Institut de France est autorisé à accepter, aux clauses, charges et conditions imposées, les libéralités résultant des codicilles en date des 20 octobre 1887, 2 janvier et 12 mars 1888, 27 juillet 1892, 13 et 14 juin 1894, 4 mars et 20 mai 1895, et 3 avril 1897, par lesquels Henri-Eugène-Philippe-Louis d'Orléans, duc d'Aumale, complète la donation de Chantilly qu'il a consentie audit établissement par acte authentique, en date du 25 octobre 1886, et dont l'acceptation a été autorisée par décret, en date du 20 décembre 1886.

## ARTICLE 2.

Le Ministre de l'Instruction publique et des Beaux-Arts est chargé de l'exécution du présent décret.

Fait à Paris, le 31 décembre 1897.

Signé : FÉLIX FAURE.

Par le Président de la République :

Le Ministre de l'Instruction publique, des Beaux-Arts et des Cultes,

Signé : A. RAMBAUD.

Pour ampliation,

Le Chef de Bureau du Cabinet,

Signé : LEROY.

MINISTÈRE
DE
L'INSTRUCTION PUBLIQUE
ET DES
BEAUX-ARTS

Paris, le 28 décembre 1897.

# RÈGLEMENT RELATIF

A LA

# COMPTABILITÉ DU DOMAINE DE CHANTILLY

Le Ministre de l'Instruction publique et des Beaux-Arts,

Vu le décret du 20 décembre 1886 ;

Vu l'article 5 de l'ordonnance du 21 mars 1816 ;

Arrête : .

### ARTICLE PREMIER.

La comptabilité des recettes et des dépenses du domaine de Chantilly est tenue par année, sous l'autorité du Ministre de l'Instruction publique, par des agents spéciaux, l'Administrateur et le Receveur, choisis et dirigés par la Commission administrative centrale de l'Institut et par la Commission déléguée par celle-ci pour la gestion du domaine de Chantilly.

### ARTICLE 2.

Le budget des recettes et des dépenses à effectuer du
1ᵉʳ janvier au 31 décembre de chaque année est divisé en
budget ordinaire et budget extraordinaire; il est subdivisé
en chapitres et articles.

Le budget ordinaire comprend :

EN RECETTES : — Les intérêts des fonds placés, les arré-
rages de rentes et de valeurs mobilières, les revenus des
immeubles, et, d'une manière générale, toutes ressources
ayant un caractère annuel et permanent;

EN DÉPENSES : — Les annuités dues au Crédit Foncier,
les rentes perpétuelles mises à la charge du Domaine par
l'acte de donation, les frais d'administration (personnel
et matériel), l'entretien des bâtiments, parcs, jardins, collections, œuvres d'art de tout genre, et de toutes les
autres parties du domaine, les acquisitions d'objets d'art
de tout genre, livres anciens ou modernes, destinés à
enrichir ou compléter les collections; le service des pensions et allocations viagères concédées à des hommes de
lettres, à des savants ou à des artistes indigents; les fondations de prix destinés à encourager ceux qui se vouent
à la carrière des lettres, des sciences ou des arts.

Le budget extraordinaire comprend:

EN RECETTES : — Les dons et legs, les emprunts, et, en
général, toute recette ayant un caractère accidentel et
imprévu, ou formant une ressource destinée à couvrir une
dépense extraordinaire;

En Dépenses : — Les grosses réparations, les remboursements d'emprunts, les placements de capitaux provenant de dons ou legs, le rachat des rentes perpétuelles à la charge du Domaine, les acquisitions ou constructions d'immeubles, et, en général, toute dépense n'ayant pas un caractère permanent, ou couverte par des ressources extraordinaires.

## Article 3.

Le budget est préparé dans le courant du mois de novembre, par la Commission déléguée, avec le concours de l'Administrateur du domaine, et arrêté par la Commission administrative centrale.

Les crédits reconnus nécessaires en cours de gestion sont présentés et votés dans les mêmes formes.

Les propositions des Conservateurs relatives aux opérations et acquisitions importantes, ainsi qu'à la création et à la distribution des prix, conformément à la donation du 25 octobre 1886, sont communiquées à la Commission administrative centrale, qui donne son avis au point de vue financier, et soumises ensuite à l'Assemblée générale de l'Institut.

Ces propositions sont présentées et délibérées lorsque l'excédent résultant des comptes de l'Administrateur et du Receveur est définitivement arrêté. L'emploi de cet excédent est indiqué dans un budget supplémentaire, dont les prévisions sont rattachées au budget de la gestion courante.

Il peut être décidé, entre la Commission administrative centrale et les Conservateurs, que l'excédent sera mis en réserve et reporté dans la gestion suivante.

## ARTICLE 4.

Aucune recette ne peut être effectuée par le Receveur
spécial qu'en vertu d'une autorisation délivrée et signée
par l'Administrateur du domaine.

Toute dépense, pour être payée par le Receveur spécial,
doit être renfermée dans les limites des prévisions du budget et des autorisations spéciales, et mandatée par l'administrateur du domaine.

## ARTICLE 5.

Les placements de fonds, les remboursements au Crédit
Foncier, les remboursements de rentes créées par la donation et les aliénations ou les retraits de fonds qui pourraient être nécessaires pour ces opérations, sont décidés
par la Commission administrative centrale.

Les emplois temporaires de fonds libres et les retraits
de ces fonds sont décidés, quand ils dépassent 20 000 francs,
par la Commission déléguée, et, lorsqu'ils sont inférieurs
à ce chiffre, par l'Administrateur du domaine, qui en rend
compte, chaque mois, à la Commission déléguée.

## ARTICLE 6.

Chaque mois, la Commission déléguée détermine, sur la
proposition de l'Administrateur du domaine, les sommes
dans les limites desquelles peuvent être mandatées les dépenses afférentes aux divers articles du budget.

Les dépenses sont acquittées par le Receveur spécial,

en vertu de mandats à talon délivrés au nom des créanciers par l'Administrateur du domaine.

Çhaque mandat porte un numéro d'ordre, la série des numéros étant unique pour toute l'année; il énonce le chapitre et l'article auxquels la dépense s'applique, et doit contenir toutes les indications de noms et de qualités nécessaires pour permettre au comptable de reconnaître l'identité du créancier; il indique la somme à payer, ainsi que les pièces justificatives à produire à l'appui du payement, conformément aux règles suivies pour la comptabilité des fondations de l'Institut.

Les oppositions sur les sommes dues par le domaine de Chantilly sont obligatoirement pratiquées entre les mains du Receveur de l'établissement.

## ARTICLE 7.

Le Receveur est tenu de faire, sous sa responsabilité personnelle, toutes les diligences nécessaires pour assurer la perception des revenus, legs et donations et autres ressources éventuelles, de faire contre les débiteurs en retard de payer, et à la requête de l'Administrateur, les exploits, significations, poursuites et commandements nécessaires; d'avertir l'Administrateur de l'expiration des baux, d'empêcher les prescriptions, de veiller à la conservation des domaines, droits, privilèges et hypothèques et de requérir l'inscription hypothécaire de tous titres qui en sont susceptibles.

Toute recette donne lieu à la délivrance d'une quittance extraite d'un livre à souches.

Le payement des mandats ne peut être suspendu par l'agent que dans les cas suivants :

1° Défaut ou irrégularité des pièces justificatives de la dépense, ou désaccord entre le mandat et les pièces ;

2° Absence de crédit ;

3° Oppositions ou difficultés touchant à la validité de la quittance.

Dans le premier cas, l'Administrateur peut requérir le Receveur, par écrit, de passer outre au payement.

En cas d'absence de crédit, ou de difficultés touchant à la validité de la quittance, c'est à la Commission déléguée qu'il appartient d'apprécier si le payement peut être fait.

L'opposition demeure un obstacle absolu au payement.

Le Receveur fournit un cautionnement de cinq mille francs.

L'Administrateur vérifie, chaque mois, la situation de la caisse et en rend compte à la Commission déléguée, qui fait elle-même des vérifications à des époques variables.

## ARTICLE 8.

Le compte de l'Administrateur et le compte de gestion du Receveur sont soumis à la Commission centrale le 1er février de l'année suivant celle pour laquelle ils sont rendus ; ils sont accompagnés des pièces suivantes :

### COMPTE DE L'ADMINISTRATEUR :

1° Les ouvertures mensuelles de crédit ;

2° Les talons des mandats.

COMPTE DU RECEVEUR :

1° Le budget et les autorisations en vertu desquelles ont été effectuées les recettes et les dépenses ;

2° Les mandats de payement et les pièces justificatives à l'appui ;

3° Un état des rentes et créances de l'Établissement, indiquant la nature des titres, leurs dates et celles des inscriptions hypothécaires prises pour leur conservation, et, s'il y a des procédures entamées, la situation où elles se trouvent ;

4° Un tableau annexe présentant, au sujet des rentes et créances, la comparaison du produit de l'année expirée avec celui de l'année antérieure, la décomposition de cette différence et l'explication détaillée des mutations qui l'ont fait naître.

Le compte du Receveur doit présenter :

1° La situation de la caisse et du portefeuille au 1er janvier de l'année pour laquelle le compte est rendu ;

2° Le développement des opérations en recettes et en dépenses effectuées pendant l'année ;

3° La situation de la caisse et du portefeuille au 31 décembre.

### ARTICLE 9.

Pour la validité des décisions de la Commission déléguée, la présence de deux membres est nécessaire. Toutefois, pour l'ouverture mensuelle des crédits, l'emploi temporaire des fonds libres et le retrait de ces fonds, la décision d'un membre suffit. Les décisions portent la signature du Président ou du membre qui le remplace.

Fait à Paris, le 28 décembre 1897.

*Signé* : **A. Rambaud.**

Pour copie conforme :

Le Chef de la Division de la Comptabilité.

*Signé* : **Paul Ferrand.**

# LETTRE

ADRESSÉE A

## MONSIEUR LE PRÉSIDENT DU CONSEIL DES MINISTRES

### MINISTRE DE L'AGRICULTURE

———

Paris, le 25 novembre 1897.

MONSIEUR LE PRÉSIDENT DU CONSEIL DES MINISTRES,

Vous avez bien voulu nous autoriser à vous soumettre les observations auxquelles pourrait donner lieu, de la part de la Commission administrative centrale de l'Institut de France, l'application des dispositions du Code forestier aux bois et forêts qui dépendent du domaine de Chantilly.

Nous avons l'honneur d'appeler votre attention sur la situation spéciale qui résulte des conditions dans lesquelles l'Institut de France est devenu propriétaire du domaine de Chantilly, en vertu de la donation faite par M. le duc d'Aumale, dont les clauses ont été acceptées par l'Institut avec l'autorisation du Gouvernement donnée par décret du 20 novembre 1886. La stipulation finale de l'acte de

donation est ainsi conçue : « Dans le cas où, pour une
« cause quelconque et à quelque époque que ce soit,
« l'Institut ne remplirait pas, ou serait empêché de rem-
« plir l'une ou l'autre des conditions ci-dessus établies,
« la présente donation sera révoquée, et le donateur ou
« ses héritiers recouvreront immédiatement la pleine
« propriété de tous les immeubles et objets mobiliers qui
« y sont compris. »

Vous comprendrez, Monsieur le Président du Conseil,
que, en présence d'une pareille stipulation, l'Institut vous
demande de prendre les mesures nécessaires pour que
toutes les clauses de la donation soient respectées et
exécutées.

Si le Gouvernement croit devoir soumettre les bois et
forêts du domaine de Chantilly au régime forestier par
application de l'article 1er du Code forestier, qui établit
cette règle, non seulement pour les bois de l'État, mais
aussi pour ceux des communes, des sections de commune
et des établissements publics, nous n'avons pas à contester l'application du principe.

Toutefois, nous ferons remarquer d'abord que, dans la
lettre par laquelle la question a été soulevée, elle ne semble
pas avoir été placée sur son véritable terrain. On y indique en effet que l'Institut est un organe de l'État, et
que le régime forestier paraît devoir être appliqué par
ce motif. Il n'en est pas ainsi. Les forêts appartenant
à l'Institut ne peuvent être assimilées à celles de l'État.
L'Institut de France a une personnalité distincte, qui a été
formellement consacrée par l'ordonnance royale du 21 mars
1816, dont les articles 5 et 6 organisent l'administration

des propriétés communes aux académies et des propriétés de chaque académie, et qui a été constamment reconnue par la jurisprudence du Conseil d'État. Aussi tous les auteurs sont d'accord pour classer l'Institut et les académies au nombre des établissements publics, c'est-à-dire de ces institutions nationales ou locales créées ou organisées par des lois ou des décrets, notamment pour les services de l'instruction publique, de l'assistance publique et des cultes, et qui ont une personnalité civile distincte de celle de l'État, des départements et des communes.

C'est donc l'application du régime prévu par le Code forestier pour les établissements publics qu'il s'agit d'étudier en vue de la concilier avec les dispositions de la donation, obligatoires à peine de révocation de cette libéralité, aussi bien pour le Gouvernement que pour l'Institut.

D'après l'article 90 du Code forestier, les bois et forêts des établissements publics doivent être soumis au régime forestier, s'ils comportent une exploitation régulière.

Assurément les bois et forêts de Chantilly sont, en principe, dans ce cas, puisqu'ils ont été soumis à un aménagement régulier à vingt-cinq ans, avec des réserves, dont les plans ont été arrêtés par M. le duc d'Aumale de 1862 à 1868.

Mais la donation nous oblige à réclamer des exceptions. Elle stipule en effet que l'Institut doit « conserver le « caractère et la destination des parcs, jardins, canaux et « rivières, ainsi que la distribution générale des forêts, « étangs et fontaines ».

Il s'ensuit, en premier lieu, que l'on doit exclure du régime forestier les parties du domaine qualifiées « parcs et jardins », qui ont un caractère spécial, et qui avaient été placées expressément en dehors de l'aménagement, ainsi que les parties des bois qui y font suite au point de vue artistique, et qui se trouvent spécifiées sur les plans arrêtés par le donateur. Tels sont : le parc de Sylvie, d'une étendue de 65 hectares ; celui de la Cabotière, 35 hectares ; le bois Bourrillon, toutes les parties en bordure des routes, le pourtour de la Table (12 à 15 hectares), qui sont marqués sur les plans comme exclus de l'aménagement.

En second lieu, la donation dispose qu'une partie du Domaine qui comprend non seulement des terres, mais aussi des bois, est destinée à être aliénée pour permettre à l'Institut d'acquitter les charges qui lui sont imposées. Dans l'acte de donation de 1886, l'Institut donnait mandat au prince usufruitier de vendre ces parties du domaine. L'acte du gouvernement qui a autorisé l'acceptation de la donation, y compris cette clause, a approuvé l'aliénation des terres et bois compris dans le périmètre aliénable. Une partie des terres et bois a déjà été vendue ; le surplus le sera prochainement. Il n'y aurait aucun intérêt à soumettre au régime forestier des bois qui vont prochainement cesser d'appartenir à l'Institut.

Il est, en outre, de notre devoir de signaler que, dans les instructions très étudiées que M. le duc d'Aumale a laissées pour l'Institut au sujet de l'administration des bois et forêts de Chantilly, il a recommandé expressément à l'Institut de demander que l'action de l'administration des forêts fût limitée, autant que possible, aux opérations importantes, comme le martelage, qui assure la prospérité et l'avenir de la forêt, et au contrôle des ventes.

De plus, dans l'acte de donation, le prince a demandé à l'Institut de conserver les agents du Domaine et les gardes. Il y a là encore une situation spéciale qui oblige à déroger aux règles générales. L'expérience des agents et gardes qui avaient assuré jusqu'ici le service, garantit pour l'avenir la bonne exploitation des bois et forêts de Chantilly. Il devrait être entendu que ces agents ne pourraient être remplacés qu'après avis de la Commission administrative centrale de l'Institut.

Toutes ces dérogations aux règles habituelles paraissent justifier la création par l'Administration des Forêts d'une chefferie spéciale qui serait exclusivement occupée des bois et forêts de Chantilly. Cette organisation du service permettrait de pourvoir dans les meilleures conditions aux mesures qu'il comporte pour concilier l'application des dispositions du Code forestier avec l'exécution fidèle des clauses de la donation.

Veuillez agréer, Monsieur le Président du Conseil, l'assurance de notre haute considération.

Les Délégués de la Commission administrative :

*Signé :* Ed. ROUSSE.
Georges PICOT.
Léon AUCOC.

RÉPUBLIQUE FRANÇAISE

Paris, le 15 janvier 1898.

*A Monsieur le Président de l'Institut de France.*

MONSIEUR LE PRÉSIDENT,

MM. Rousse, Picot et Aucoc, délégués de la Commission administrative centrale de l'Institut, en me faisant part des observations auxquelles pourrait donner lieu l'application des dispositions du Code forestier aux bois et forêts qui dépendent du domaine de Chantilly, ont bien voulu m'exposer, dans un mémoire, les conditions dans lesquelles il leur semblait qu'il y eût lieu de soumettre au régime forestier les forêts acquises par l'Institut en vertu de la donation faite par M. le duc d'Aumale.

J'ai l'honneur de vous faire connaître que je partage entièrement l'avis de MM. Rousse, Picot et Aucoc, tant sur la soumission de ces bois au régime forestier, d'après les règles applicables, non pas aux forêts de l'État, mais aux forêts d'établissements publics, que sur les mesures d'exécution à prendre pour respecter les clauses de la donation et garantir, pour l'avenir, la bonne exploitation des bois et forêts de Chantilly.

M. le Directeur des Forêts au ministère de l'Agriculture se tiendra d'ailleurs à la disposition de MM. les membres de la Commission administrative pour préparer, de concert avec eux, les bases du décret à intervenir en vue de la soumission au régime forestier de ceux des bois et forêts de Chantilly dont la gestion sera confiée à l'Administration des Forêts.

Agréez, Monsieur le Président, l'assurance de ma haute considération.

Le Président du Conseil, Ministre de l'Agriculture,

*Signé* : J. MÉLINE.

# RÉPUBLIQUE FRANÇAISE

## DÉCRET

Le Président de la République,

Vu les propositions de l'Administration des Forêts tendant à la soumission au régime forestier et à l'aménagement des bois et forêts du domaine de Chantilly appartenant à l'Institut de France, lesdites propositions approuvées par le Président du Conseil, ministre de l'Agriculture ;

Vu la lettre du 25 novembre 1897 adressée au Président du Conseil, Ministre de l'Agriculture, par les délégués de la Commission administrative centrale de l'Institut de France ;

Vu le décret, en date du 20 décembre 1886, par lequel l'Institut de France a été autorisé à accepter aux clauses, charges et conditions imposées, la donation entre vifs et irrévocable à lui faite, sous réserve d'usufruit, par Henri-Eugène-Philippe-Louis d'Orléans, duc d'Aumale, du domaine de Chantilly, ensemble l'acte de donation, en date des 25 octobre et 29 décembre 1886 ;

Vu les plans du domaine de Chantilly portant délimitation des diverses séries d'aménagement et des parties des bois et forêts placées en dehors de l'aménagement;

Vu les articles 1, 15, 90 du Code forestier, et 67, 69, 128 de l'Ordonnance du 1er août 1827 :

Sur le rapport du Président du Conseil, Ministre de l'Agriculture,

Décrète ce qui suit :

### ARTICLE PREMIER.

Sont soumis au régime forestier les bois et forêts faisant partie du domaine de Chantilly, appartenant à l'Institut de France, dont suit la désignation :

| | |
|---|---|
| Bois de Saint-Maximin . . . . . | 52$^h$,95 |
| Bois de la Coharde . . . . . . | 160$^h$, » |
| Grand parc de Chantilly. . . . . | 637$^h$,59 |
| Bois de la Vidamé et remise de la plaine de Courteuil et de Saint-Firmin. . . . . . . . . | 41$^h$,17 |
| Forêt de Chantilly. . . . . . | 2 013$^h$,96 |
| Forêt de Pontarmé. . . . . . | 1 442$^h$,27 |
| Forêt de Coye. . . . . . . | 1 624$^h$,86 |
| Bois de Royaumont. . . . . . | 430$^h$,25 |
| | 6 403$^h$,05 |

### ARTICLE 2.

Le bois de la Coharde, formant une seule série, sera exploité en taillis sous futaie.

## ARTICLE 3.

Le grand parc de Chantilly formera deux séries de taillis sous futaie, et une section en dehors de l'aménagement :

 1<sup>re</sup> série de taillis, dite de la Basse-
 Pommeraye. . . . . . . . . 237$^h$,73
 2$^e$ série de taillis, dite du Lieutenant. 338$^h$,87
 Section en dehors de l'aménagement
 (remises, tirés, bordures, etc.). . 60$^h$,99

## ARTICLE 4.

La forêt de Chantilly formera sept séries de taillis sous futaie, et une section en dehors de l'aménagement :

| | | |
|---|---|---|
| 1<sup>re</sup> série, dite du bois Saint-Denis . | 238$^h$, » |
| 2$^e$ — du Connétable. . . . | 324$^h$, » |
| 3$^e$ — des Étangs. . . . . | 225$^h$, » |
| 4$^e$ — de la Fille-Morte. . . | 324$^h$, » |
| 5$^e$ — des bois Saint-Nicolas. | 312$^h$, » |
| 6$^e$ — des Vieilles-Garennes . | 328$^h$, » |
| 7$^e$ — de Montgrésin. . . . | 170$^h$, » |
| Section en dehors de l'aménagement. | 93$^h$,96 |

## ARTICLE 5.

La forêt de Pontarmé formera quatre séries de taillis sous futaie, une série de futaie, et une section en dehors de l'aménagement :

 1<sup>re</sup> série de taillis, dite du Chêne-
 Pouilleux. . . . . . . . . 330$^h$, »

2ᵉ série de taillis, dite du Héquet.   .   290ʰ, »
3ᵉ    —      — de la Queue-de-
Senlis. . . . . . . . .   303ʰ, »
4ᵉ série de taillis, dite de la Muette.   245ʰ, »
Série de futaie, dite de Thiers .  .   271ʰ,46
Section en dehors de l'aménagement.   2ʰ,81

## Article 6.

La forêt de Coye formera six séries de taillis sous futaie,
et une section en dehors de l'aménagement :
1ʳᵉ série de taillis, dite du Moulin   .   231ʰ, »
2ᵉ    —      — de la Verrerie.   293ʰ, »
3ᵉ    —      — de Luzarches.   318ʰ, »
4ᵉ    —      — de la Queue-de-
la Chapelle . . . . . . .   232ʰ, »
5ᵉ série de taillis, dite des Grandes-
Ventes. . . . . . . . .   318ʰ, »
6ᵉ série de taillis, dite du Champoleux   184ʰ, »
Section en dehors de l'aménagement.   48ʰ,86

## Article 7.

Le bois de Royaumont formera deux séries de taillis
sous futaie :
1ʳᵉ série dite de Bonnet. . . . .   222ʰ,34
2ᵉ    — de Bertinval. . . . .   207ʰ,91

## Article 8.

La révolution des séries de taillis sous futaie est fixée
à vingt-cinq ans.

### ARTICLE 9.

Les bois non aménagés de Saint-Maximin et de Vidamé, les remises de la plaine de Courteuil et de Saint-Firmin et la série de futaie seront exploités sur propositions spéciales.

### ARTICLE 10.

Le Président du Conseil, Ministre de l'Agriculture, est chargé de l'exécution du présent décret, qui sera inséré au *Bulletin des Lois*.

Fait à Paris, le 19 mars 1898.

*Signé :* FÉLIX FAURE.

Par le Président de la République,

Le Président du Conseil, Ministre de l'Agriculture,

*Signé :* J. MÉLINE.

Pour copie conforme :

Paris, le 6 avril 1898.

Le Conseiller d'État, Directeur des Forêts,

*Signé :* DAUBRÉE.

Pour copie certifiée conforme :

Le Directeur de l'Enseignement supérieur, Conseiller d'État,

*Signé :* L. LIARD.

# RAPPORT

PRÉSENTÉ LE 26 DÉCEMBRE 1900

## A LA COMMISSION ADMINISTRATIVE CENTRALE

SUR LES

### EXEMPTIONS D'IMPOTS ACCORDÉES A L'INSTITUT

POUR LE

# DOMAINE DE CHANTILLY

La Commission déléguée chargée de la gestion du domaine de Chantilly, ayant été informée que le Ministre des Finances avait décidé, sans qu'elle l'eût demandé, que l'Institut serait dégrevé, à partir de l'année 1898, de la redevance pour frais d'administration des forêts et du principal de l'impôt foncier qui avaient été payés, l'année précédente, pour le domaine de Chantilly, a cru apercevoir que les décisions ministérielles étaient inspirées par une doctrine qui remettait en question la personnalité civile de l'Institut et ses droits de propriété sur le Domaine.

Ce n'était pas la première fois, à la vérité, que l'Institut obtenait le bénéfice de certaines exemptions d'impôt. Depuis 1823, la tradition de la Direction générale de l'Enregistrement et des Domaines était établie en ce sens que l'Institut ne payait pas les droits de mutation pour les dons et legs qui lui étaient faits. Cette tradition avait été suivie pour les droits de mutation applicables à la donation du domaine de Chantilly, et elle avait été étendue à la taxe des biens de mainmorte, pour le même domaine, pendant que M. le duc d'Aumale jouissait de l'usufruit qu'il s'était réservé. Mais on pouvait penser qu'elle avait été inspirée par le désir de ne pas réduire des libéralités dont l'État profitait plus ou moins directement, ou par la pensée d'éviter les complications inutiles qu'entraînerait l'ouverture au budget du Ministère de l'Instruction publique d'un crédit augmentant les crédits affectés aux dépenses de l'Institut en vue de payer l'impôt au Ministère des Finances.

L'extension faite d'office de ces exemptions d'impôt à la redevance pour frais d'administration des forêts et au principal de l'impôt foncier a appelé l'attention particulière de la Commission déléguée sur les motifs que donnait la décision du Ministre des Finances (M. Rouvier), en date du 30 juillet 1887, à l'appui de l'exemption de la taxe des biens de mainmorte. Il est dit, en effet, dans cette décision, que « l'Institut n'est pas une personne morale dans le sens de la loi du 20 février 1849, et doit être considéré comme un organe de l'État, au nom duquel il s'acquitte de la mission qui lui est confiée ».

En poussant cette thèse jusqu'à ses dernières conséquences, on pouvait arriver à soutenir que l'Institut n'est pas une personne civile distincte de l'État, ce qu'on appelle en droit administratif un établissement public, qu'il acquiert et possède pour le compte de l'État, dont il est le représentant, et que ses propriétés sont les propriétés de l'État.

La Commission déléguée avait déjà vu cette thèse se produire au moment où il avait été question de soumettre les bois de Chantilly au régime forestier comme propriété d'un organe de l'État. Sans contester que le régime forestier fût applicable aux bois de Chantilly comme propriété d'un établissement public, elle avait revendiqué, à cette époque, la personnalité civile distincte de celle de l'État et les droits de propriété de l'Institut, en invoquant les textes des articles 5 et 6 de l'ordonnance royale du 21 mars 1816 et la longue jurisprudence du Ministère de l'Instruction publique et du Conseil d'État, qui la consacrent formellement. Après une étude approfondie, le Président du Conseil, Ministre de l'Agriculture (M. Méline), avait reconnu que la revendication de la Commission déléguée était fondée, et, si les bois de Chantilly ont été soumis au régime forestier par le décret du 19 mars 1898, c'est, non pas comme bois de l'État, mais comme bois appartenant à l'Institut, établissement public ayant un patrimoine distinct de celui de l'État.

Néanmoins, un projet dont l'administrateur de Chantilly avait été avisé en 1899, et qui tendait à faire payer par l'État les traitements des gardes du domaine, semblait indiquer un retour des prétentions de l'État, puisque, d'après l'article 108 du Code forestier, les traitements des gardes sont à la charge des établissements publics propriétaires des bois.

La Commission crut nécessaire de demander des explications à l'Administration des Forêts et à la Direction

générale des Contributions directes. Elle informa de ses
démarches M. Liard, notre confrère, Directeur de l'Enseignement supérieur, qui lui promit son appui. Un de ses
membres rédigea des mémoires, et eut des entretiens avec
les directeurs de ces administrations. Il s'attachait à faire
valoir que la personnalité civile de l'Institut, qui lui per-
met de se créer, au moyen de libéralités, un patrimoine
distinct de celui de l'État, avait été formellement consacrée par le texte des articles 5 et 6 de l'ordonnance royale
du 21 mars 1816, qui organisent l'administration des propriétés communes aux diverses académies et des propriétés
de chaque académie; qu'elle avait toujours été reconnue
par la jurisprudence du Conseil d'État à l'occasion des
nombreuses libéralités dont il avait autorisé l'acceptation;
qu'elle n'avait jamais été contestée devant les tribunaux
civils, et qu'elle était admise par tous les auteurs qui, en
écrivant sur le droit administratif, ont traité des établissements publics (1). Il faisait valoir que cette doctrine
avait été appliquée pour le domaine de Chantilly par le

---

(1) On peut citer notamment, parmi les ouvrages spéciaux : GEORGES
DE SALVERTE, *Essai sur les libéralités en faveur des établissements civils et
ecclésiastiques* (1859), p. 74. — ALBERT VANDAL, *Des libéralités aux établissements publics* (1879), p. 97. — TISSIER, *Traité des dons et legs aux établissements publics et d'utilité publique* (1896), t. 1er, p. 318, n° 149. — Parmi les
ouvrages généraux : DUCROCQ, *Cours de droit administratif*, 6e édition (1881),
t. II, p. 717. — AUCOC, *Conférences sur l'administration et le droit administratif*, 3e édition (1885), t. 1er, p. 357. — RODOLPHE DARESTE, *La justice administrative en France*, 2e édition, (1898), p. 623. — DALLOZ, *Code des lois politiques et administratives* (1895), t. III, V° *Établissements publics et d'utilité
publique*, n° 114. — HAURIOU, *Précis de droit administratif*, 4e édition (1900),
p. 510. — BERTHÉLEMY, *Traité élémentaire de droit administratif* (1900), p 51.

décret du 19 mars 1898, préparé par l'Administration des
Forêts en pleine connaissance de cause. Il soutenait que
si la jurisprudence du Ministère des Finances avait accordé
à l'Institut diverses exemptions d'impôt, on ne pouvait
pas attribuer à des décisions ministérielles la pensée ni
la puissance de mettre à néant les dispositions de l'ordonnance de 1816 et des décrets qui en avaient fait l'application. Il cherchait à expliquer les traditions du Ministère
des Finances, non pas par la pensée de contester la personnalité civile de l'Institut et ses droits de propriété sur
les libéralités qui lui sont adressées, mais par une théorie
qui distinguait, parmi les établissements publics, c'est-à-
dire les services publics organisés par des lois et règlements, dotés de la personnalité civile, deux catégories différentes au point de vue fiscal, les établissements publics
nationaux et les établissements locaux, et plaçait les établissements nationaux, dont les ressources sont puisées
principalement dans le budget de l'État, sous un régime
plus favorable relativement à la perception des impôts
dont la charge risquerait de retomber sur le Trésor public (1).

_____

(1) La doctrine qui définit les établissements publics « des services
publics dotés de la personnalité civile » et qui distingue entre les établissements publics nationaux et les établissements locaux, a été consacrée
par la loi du 4 février 1901 sur la tutelle administrative en matière de dons
et legs. Cette loi, dans son article Ier, porte que les dons et legs faits à
l'État ou aux services nationaux qui ne sont pas pourvus de la personnalité civile sont autorisés par décret du Président de la République. Dans
l'article 4, elle dispose que, pour les dons et legs aux établissements publics,
l'autorisation est donnée par le préfet, si l'établissement a le caractère com-
munal et départemental, et par décret en conseil d'État, s'il a le caractère
national.

Dans le cours de ses entretiens avec les Directeurs des Eaux et Forêts et des Contributions directes, le rapporteur apprit l'existence d'une décision du Ministre des Finances (M. Peytral), prise au mois de décembre 1898, qui n'avait pas été notifiée à l'Institut, et qui consacrait la thèse indiquée dans la décision du 30 juillet 1887, en en tirant les conséquences pour l'exemption de tous les impôts portant sur les biens de l'Institut, et l'existence d'une dépêche du Ministre actuel des Finances (M. Caillaux), en date du 18 septembre dernier, adressée au Ministre de l'Agriculture, qui, en maintenant l'exemption des impôts, déclarait que les bois de Chantilly devaient être inscrits parmi les bois domaniaux, et que, en ce qui concerne l'impôt foncier, l'État se chargeait de payer les centimes additionnels départementaux et communaux, sauf à se les faire rembourser par l'Institut.

Dans ces circonstances, le rapporteur a cru devoir s'adresser personnellement à M. le Ministre des Finances. Après un premier entretien, M. le Ministre lui a fait remettre, le 24 octobre, une note (1) qui expliquait les traditions du Ministère des Finances, et l'a invité à venir de nouveau en conférer avec lui. Cette note établissait que l'exemption des impôts accordée à l'Institut était justifiée par la qualité de service public de l'État, créé et doté par l'État, mais que, si cette qualité et les liens établis entre l'État et l'Institut entraînaient, au point de vue fiscal, un régime particulièrement favorable, qui avait été également appliqué aux Universités et aux Facultés, il se conciliait,

_____

(1) Voir plus bas la Note, p. 107.

au point de vue du droit administratif, pour l'Institut comme pour les Universités et Facultés, avec la personnalité civile et le droit d'avoir un patrimoine propre. La note s'en référait sur ce point aux articles 5 et 6 de l'ordonnance royale du 21 mars 1816. En terminant, elle reconnaissait formellement les droits de propriété de l'Institut sur le domaine de Chantilly résultant de la donation de M. le duc d'Aumale approuvée par le Gouvernement. Dans une seconde audience, le rapporteur a présenté au Ministre des observations, où, prenant acte des déclarations très nettes contenues dans la note du 24 octobre, il priait le Ministre d'en déduire les conséquences en retirant et remaniant sa décision du 18 septembre adressée à M. le Ministre de l'Agriculture. M. le Ministre des Finances a rendu le 4 décembre une décision (1) qui nous paraît donner complète satisfaction à l'Institut. En maintenant les exemptions d'impôt, elle constate, en théorie, et respecte, dans la pratique, la personnalité civile de l'Institut et ses droits sur son patrimoine.

Postérieurement, M. le Directeur des Forêts a bien voulu nous faire savoir que le Ministre de l'Agriculture avait répondu au Ministre des Finances, en lui accusant réception de sa lettre du 4 décembre, qu'il continuerait à appliquer le décret du 19 mars 1898, qui traite les bois du domaine de Chantilly comme les bois des établissements publics.

Nous allons lire à la Commission le texte :

---

(1) Voir plus bas la Décision ministérielle, p. 119.

1° De la note émanée du Cabinet du Ministre des Finances, le 24 octobre 1900 ;

2° Des observations présentées au Ministre par M. Aucoc, à la suite de la communication de cette note ;

3° De la décision du Ministre des Finances du 4 décembre 1900 ;

4° De la lettre du Ministre de l'Agriculture, en date du 16 décembre 1900.

La Commission verra qu'il y a désormais un accord complet entre le Ministère de l'Instruction publique, appuyé sur la jurisprudence du Conseil d'État, le Ministère de l'Agriculture (Direction des Forêts) et le Ministère des Finances au sujet de la personnalité civile de l'Institut et de ses droits de propriété sur le domaine de Chantilly.

*Signé:* Léon Aucoc.

MINISTÈRE
DES
FINANCES

CABINET
DU MINISTRE

24 octobre 1900.

# NOTE

## SUR LE RÉGIME APPLICABLE

### AU

# DOMAINE DE CHANTILLY [1]

Les mesures proposées par l'Administration des Forêts pour l'application au domaine de Chantilly des dispositions du Code forestier ont soulevé, de la part de la Commission de l'Institut chargée de la gestion des biens provenant de la donation du duc d'Aumale, des protestations très vives, qui portent, non pas tant peut-être sur ces mesures elles-mêmes, que sur les principes dont elles lui paraissent être la conséquence. Elle a cru voir dans les actes du Gouvernement l'affirmation d'une théorie juridique qui serait en contradiction avec les droits reconnus à l'Institut par le décret du 20 novembre 1886 et la jurisprudence constante du Ministère de l'Instruction publique et du Conseil d'État. Reprenant, à ce sujet, la question depuis son origine, et faisant allusion aux décisions antérieurement rendues, et en particulier aux décisions du

---

(1) Cette note a été adressée à M. Aucoc, au nom du Ministre des Finances, par son secrétaire, qui ajoutait que le Ministre désirait s'en entretenir avec lui.

Ministre des Finances relatives aux immunités fiscales dont a bénéficié l'Institut, la Commission, préoccupée sans doute de mettre à l'abri de toute atteinte, même indirecte, le principe de la personnalité civile de l'Institut, a, dans une note du 2 février 1900, donné, au sujet de ces exemptions d'impôt, une explication qui ne saurait être admise et sur laquelle il est nécessaire de revenir.

La Commission suppose, en effet, que si les droits de mutation ne lui ont pas été réclamés à l'occasion de la donation du domaine de Chantilly, c'est pour éluder l'obligation de demander au Ministre de l'Instruction publique le crédit nécessaire à l'acquittement des droits, crédit qui eût été exactement égal à la recette qu'aurait encaissée le Trésor. La dispense d'impôt n'aurait eu ainsi pour objet que d'éviter ces formalités et de supprimer un jeu d'écritures inutile.

Cette supposition n'a rien de fondé. Il suffit de rappeler qu'une remise d'impôt accordée dans de semblables conditions eût constitué une violation flagrante des dispositions du décret du 31 mai 1862, qui interdisent toute compensation entre les recettes et les dépenses budgétaires.

Ce n'est donc pas pour résoudre par une illégalité une difficulté de comptabilité, que l'Administration des Finances a reconnu que la donation du duc d'Aumale, aussi bien d'ailleurs que les acquisitions faites antérieurement et depuis par l'Institut, devaient jouir de l'immunité fiscale. L'immunité lui est acquise par le caractère même de service public de l'État qui lui est conféré par l'article 1er du titre IV de la loi du 13 brumaire an VII dans les termes les plus formels : « L'Institut national des

« Sciences et des Arts *appartient à toute la République* ; il
« est fixé à Paris ; il est destiné : 1° à perfectionner les
« Sciences et les Arts par des recherches non interrom-
« pues, par la publication des découvertes, par la corres-
« pondance avec les sociétés savantes étrangères ; 2° à
« suivre, conformément aux lois et arrêtés du Directoire
« exécutif, les travaux scientifiques et littéraires qui au-
« ront pour objet l'utilité générale et la gloire de la
« République. » C'est donc avec raison que l'Institut a
toujours été considéré comme rattaché à l'État par des
liens trop étroits pour être classé, au point de vue fiscal,
parmi les établissements publics proprement dits, et que
l'Administration des Finances lui a fait application des
dispositions de l'article 70 de la loi du 22 frimaire an VII,
qui attribue l'immunité *à toutes les acquisitions profitant à la
République*. Tel est le véritable et l'unique principe d'où
découle l'exonération des droits de mutation afférents à
la donation de Chantilly, comme aussi l'exemption de la
contribution foncière, des droits de mainmorte et de la
taxe de 5 p. 100 pour frais d'administration des forêts.
Sans doute, l'Institut se réclame de l'autonomie dont il
jouit, et qui a permis de le classer, au point de vue administratif, parmi les établissements qui ont une individualité distincte de celle de l'État ; sans doute encore, il
invoque la personnalité civile dont il est investi ; mais, s'il
est vrai que cette personnalité lui a été conférée dans le
but de lui donner tous les avantages découlant de la capacité juridique et de l'autonomie administrative, il serait
évidemment contraire au but même dans lequel ces avantages lui ont été concédés d'en prendre texte pour lui

imposer un régime fiscal plus onéreux que celui qui est
applicable à l'État et à ses différents organes.

Il reste à examiner si l'Institut n'est pas exposé à être
troublé dans l'exercice légitime des prérogatives qui lui
appartiennent du fait de sa personnalité civile et de sa
capacité juridique, par les conséquences de la doctrine
qui vient d'être exposée, et qui a toujours été appliquée
aux libéralités dont il a été l'objet. Sans entrer à cet égard
dans une discussion de textes, il suffit, ce semble, d'indiquer que l'Institut est exactement dans la situation des
Facultés et corps de Facultés, qui, tout en étant investis de
la personnalité civile, n'en sont pas moins admis à parti-
ciper aux exemptions d'impôt réservées à l'État. L'étendue
des pouvoirs dont jouissent notamment les Facultés a été
déterminée, à la suite d'une étude approfondie, par une
Commission interministérielle, dont les conclusions approuvées par les Ministres des Finances et de l'Instruction
publique, le 2 avril 1895, présentent, pour la discussion
actuelle, un intérêt de premier ordre. « Les Facultés, dit
« le rapport de la Commission, recueillent personnelle-
« ment les subventions et les libéralités qui leur sont faites ;
« le produit de ces ressources n'appartient plus à l'État,
« être impersonnel ; au lieu de se confondre avec les pro-
« duits généraux du budget, il forme la dotation privative
« de la Faculté gratifiée ; les établissements et les parti-
« culiers jaloux de contribuer au développement de l'En-
« seignement supérieur savent qu'en s'imposant des sacri-
« fices en faveur d'une Faculté déterminée, ils donnent à
« leurs libéralités une destination précise, garantie par des
« règlements formels. »

Il est impossible de ne pas être frappé de la concor-
dance presque absolue qui existe entre ces conclusions
et les revendications formulées par la Commission déléguée à la gestion du domaine de Chantilly ; les termes
mêmes de ce Rapport pourraient, à quelques expres-
sions près, servir de commentaire aux articles 5 et 6 de
l'Ordonnance du 21 mars 1816, que l'Institut invoque à
l'appui de sa thèse, et qu'il n'est pas inutile de rappeler :

ARTICLE 5. — Les propriétés communes aux quatre
Académies et les fonds y affectés seront régis et admi-
nistrés, sous l'autorité de notre ministre secrétaire d'État
au département de l'Intérieur, par une Commission de
huit membres, dont deux seront pris dans chaque Académie.

ARTICLE 6. — Les propriétés et fonds particuliers de
chaque Académie seront régis en son nom par les bureaux
ou commissions instituées ou à instituer, et dans les formes
établies par les règlements.

Dans ces conditions, on doit reconnaître que les appréhensions de la Commission au sujet des atteintes qui
pourraient menacer l'autonomie et l'individualité de
l'Institut ne sont pas fondées. Faut-il ajouter que les
clauses mêmes de la donation du duc d'Aumale, formellement acceptées par le Gouvernement, constituent aujour-
d'hui, en faveur de l'Institut, une sorte de charte dont
l'État s'est porté le garant, et qu'il est le premier intéressé à respecter ?

INSTITUT DE FRANCE

# LETTRE

ADRESSÉE A

# M. LE MINISTRE DES FINANCES

AU NOM DE LA COMMISSION DÉLÉGUÉE

Paris, le 26 octobre 1900.

MONSIEUR LE MINISTRE,

La note que vous avez bien voulu me faire adresser à
la suite des observations que j'avais eu l'honneur de vous
présenter, au nom de la Commission de l'Institut déléguée
pour l'administration du domaine de Chantilly, se termine
ainsi : « Dans ces conditions, on doit reconnaître que les
« appréhensions de la Commission, au sujet des atteintes
« qui pourraient menacer l'autonomie et l'individualité de
« l'Institut, ne sont pas fondées. Faut-il ajouter que les

« clauses mêmes de la donation du duc d'Aumale, formel-
« lement acceptées par le Gouvernement, constituent au-
« jourd'hui, en faveur de l'Institut, une sorte de charte
« dont l'État s'est porté le garant et qu'il est le premier
« intéressé à respecter? »

Si toutes les lettres et décisions du Ministre des Finances
relatives au domaine de Chantilly avaient été conformes à
la doctrine établie dans cette note, la Commission déléguée n'aurait eu aucune inquiétude. Cette note reconnaît,
en effet, que l'autonomie et la personnalité civile dont jouit
l'Institut ont permis de le classer, au point de vue du droit
administratif, parmi les établissements qui ont une individualité distincte de celle de l'État.

Pour préciser les conditions dans lesquelles, d'après
l'Administration des Finances, se trouve l'Institut à l'égard
des libéralités qui constituent son patrimoine propre, elle
reproduit un passage essentiel d'un rapport concerté entre
le Ministère des Finances et le Ministère de l'Instruction
publique, le 2 mars 1895, au sujet des Facultés et des
corps de Facultés (aujourd'hui les Universités), passage
ainsi conçu : « Les Facultés recueillent personnellement
« les subventions et les libéralités qui leur sont faites ; le
« produit de ces ressources n'appartient plus à l'État, être
« impersonnel ; au lieu de se confondre avec les produits
« généraux du budget, il forme la dotation privative de
« l'établissement gratifié..... » Les termes de ce rapport lui
paraissent pouvoir servir de commentaire aux articles 5
et 6 de l'Ordonnance du 21 mars 1816, qui organisent l'administration des propriétés communes aux diverses académies et des propriétés de chaque académie.

Telle est, d'après la note, la situation de l'Institut au point de vue du droit administratif. C'est seulement au point de vue fiscal qu'elle considère que, l'Institut étant un service public constitué et organisé par l'État, il serait contraire à l'esprit de la législation, qui lui a conféré la personnalité civile et les avantages qui en découlent, de lui imposer un régime fiscal plus onéreux que celui de l'État et de ses différents organes. De là résulte pour l'Institut l'exemption des droits de mutation, de la contribution foncière, de la taxe des biens de mainmorte, et de la taxe de 5 p. 100 pour frais d'administration des forêts.

Dans cette doctrine, nous ne voyons rien qui soit contraire à la jurisprudence constante du Ministère de l'Instruction publique et du Conseil d'État relativement aux dons et legs faits à l'Institut et aux académies.

Il n'y a rien non plus qui soit contraire au décret du 19 mars 1898, qui a soumis au régime forestier les bois et forêts faisant partie du domaine de Chantilly appartenant à l'Institut de France, par application des dispositions du Code forestier et de l'ordonnance royale du 1er août 1827, notamment de l'article 90 du Code et de l'article 128 de l'ordonnance, spéciaux aux bois des établissements publics, et, pour le dire en passant, c'est par erreur que la note, dans ses premières lignes, indique que la Commission déléguée a réclamé contre ces mesures.

Au point de vue fiscal, la Commission avait présenté, pour expliquer les exemptions d'impôt accordées à l'Institut, une hypothèse que la note écarte comme contraire aux principes de la comptabilité publique. Il est sans intérêt d'insister à cet égard du moment où la personnalité civile de l'Institut, ses droits de propriété, son autonomie administrative sont reconnus.

Mais il faut croire que la double qualité attribuée à l'Institut, suivant qu'on le considère comme personne civile au point de vue du droit administratif, ou comme service public au point de vue fiscal, peut donner lieu à quelques malentendus, puisque des décisions antérieures du Ministre des Finances ont paru tendre à traiter le domaine de Chantilly comme appartenant à l'État. Les conséquences de la qualité de service public peuvent-elles prévaloir sur les conséquences de la personnalité civile et de l'autonomie? Ce n'est pas admissible; il nous paraît évident que la personnalité civile qui est conférée à un service public en vue de lui permettre de recueillir des ressources propres, s'ajoutant à celles que lui consacre l'État, entraîne nécessairement, pour la propriété aussi bien que pour la jouissance et la gestion, une séparation absolue entre son patrimoine et celui de l'État, qui n'enlève d'ailleurs pas au Gouvernement son droit de contrôle.

Il importe que les conséquences de « l'autonomie et de l'individualité » reconnues par le Ministre des Finances à l'Institut soient nettement dégagées.

Ainsi la dépêche du Ministre des Finances adressée au Ministre de l'Agriculture, au mois de septembre 1900, indique que les bois de Chantilly doivent être inscrits parmi les bois domaniaux. Procéder ainsi serait violer expressément les droits de propriété de l'Institut et enlever à la Commission qui administre ses biens les droits de gestion qui dérivent de la propriété, sous réserve de l'application du Code forestier.

Ainsi encore la même décision indique que, l'Institut étant exempt, comme l'État, de la contribution foncière pour le principal, c'est l'État qui devra payer les centimes additionnels départementaux et communaux, sauf à se les faire rembourser par l'Institut, dans le patrimoine duquel se trouve le Domaine. C'est à la fois reconnaître et nier la personnalité civile de l'Institut et ses droits de propriété. Du moment où l'Institut a un patrimoine distinct de celui de l'État, c'est lui qui, en qualité de propriétaire, doit être inscrit sur le rôle, et qui doit acquitter directement, sinon le principal, dont il serait dispensé, au moins les centimes additionnels départementaux et communaux.

Ainsi encore il a été question, l'Administrateur de Chantilly a été pressenti à ce sujet, de faire payer les traitements des gardes des bois par l'État, tandis qu'ils sont payés jusqu'ici par l'Institut. Ce serait contraire à l'article 108 du Code forestier, aux termes duquel « le salaire des gardes particuliers restera à la charge des communes et des établissements publics ». Prendre au compte de l'État cette dépense serait une déclaration que l'État considère ces bois comme lui appartenant.

Pour faire disparaître les inquiétudes qui ont amené la Commission déléguée de Chantilly à saisir M. le Ministre des Finances de ses observations, il serait nécessaire que la décision du mois de septembre fût retirée, et remaniée dans le sens de la note du mois d'octobre. Il serait nécessaire aussi que la Direction générale des Contributions directes répondît aux observations concernant la contribution foncière dans des termes en harmonie avec cette note,

et qui sauvegarderaient complètement les droits de propriété de l'Institut.

Nous avons la confiance que Monsieur le Ministre des
Finances voudra bien nous donner satisfaction.

Veuillez agréer, Monsieur le Ministre, l'assurance de
ma haute considération.

*Signé :* LÉON AUCOC.

MINISTÈRE
DES
FINANCES

DIRECTION
du contrôle
des
administrations
financières
ET DE
L'ORDONNANCEMENT

CONTROLE
DES
administrations
financières

2ᵉ BUREAU

Nᵒ 885 T. E.

INSTITUT
DE FRANCE

DOMAINE
DE CHANTILLY

# LETTRE

ADRESSÉE PAR

## M. LE MINISTRE DES FINANCES

A

## M. AUCOC

MEMBRE DE LA COMMISSION ADMINISTRATIVE
DE L'INSTITUT

Paris, le 4 décembre 1900.

MONSIEUR,

A la suite des explications qui vous ont été fournies par une note du 24 octobre dernier, vous avez bien voulu reconnaître qu'il n'y a, dans les décisions relatives à l'exemption des droits de mutation, de la contribution foncière, de la taxe des biens de mainmorte, et des frais d'administration des forêts, rien de contraire aux textes et à la jurisprudence consacrant, en matière administrative, la personnalité civile et l'autonomie de l'Institut. Vous avez seulement exprimé le désir que la situation de cette haute Compagnie soit précisée sur certains points dans un sens qui ferait disparaître les inquiétudes qu'avaient éveillées au sein de la Commission administrative les termes d'une dépêche adressée le 18 septembre dernier, par mon administration, à M. le Ministre de l'Agriculture.

Si j'ai bien compris les observations que vous m'avez présentées, les desiderata que vous avez formulés peuvent se résumer ainsi :

1° Amender la dépêche du 18 septembre en ce qu'elle spécifiait que les bois de Chantilly devaient figurer sur les rôles de l'impôt foncier comme forêts domaniales, décider au contraire qu'ils seront inscrits au nom de l'Institut;

2° Renoncer au système indiqué dans la même dépêche, qui consistait à faire avancer les centimes additionnels départementaux et communaux par l'État, qui en aurait ensuite exigé le remboursement de l'Institut à titre de « Reversement de fonds »; — admettre que le payement en sera directement effectué par l'Institut;

3° Abandonner un projet au sujet duquel l'administrateur de Chantilly avait été pressenti, et qui reposait sur l'idée de faire payer les gardes forestiers de ce domaine par l'État, sauf remboursement ultérieur par l'Institut; — décider que les traitements de ces employés continueront à être payés par la Commission administrative sans l'intermédiaire de l'État.

Permettez-moi, Monsieur, de vous réitérer ici l'assurance qu'en aucune occasion l'Administration des Finances n'a entendu porter atteinte à l'intégrité de l'autonomie de l'Institut. Aussi ne m'en coûte-t-il nullement de lui donner satisfaction sur tous les points que vous m'avez signalés, en modifiant, comme vous le désirez, les termes de ma dépêche du 18 septembre dernier. J'en informe, par le courrier de ce jour, M. le Ministre de l'Agriculture, et je donne en même temps aux services intéressés de mon département, notamment à celui des Contributions directes, les instructions nécessaires pour l'exécution de ma décision.

Recevez, Monsieur, l'assurance de ma considération la plus distinguée.

Le Ministre des Finances,

*Signé :* J. CAILLAUX.

MINISTÈRE
DE
L'AGRICULTURE

DIRECTION
DES
AUX ET FORÊTS

2ᵉ BUREAU

2ᵉ SECTION

Nᵒ D'ORDRE 45

RÉPONSE
à la lettre
du 4 décembre 1900
Nᵒ 885    T. E.

OBJET
Institut de France
Domaine de Chantilly
Régime forestier.

RÉPUBLIQUE FRANÇAISE

———

Paris, le 15 décembre 1900.

LE MINISTRE DE L'AGRICULTURE

A

# M. LE MINISTRE DES FINANCES

DIRECTION DU CONTROLE
DES ADMINISTRATIONS FINANCIÈRES ET DE
L'ORDONNANCEMENT

———

Monsieur le Ministre et cher Collègue,

J'ai l'honneur de vous accuser réception de votre lettre en date du 4 décembre 1900, sous nᵒ 885. T. E. (Contrôle des administrations financières), relative au domaine de Chantilly.

J'estime, comme vous, que le régime forestier à appliquer au domaine de Chantilly doit être celui d'une forêt d'établissement public.

Dans ces conditions, mon Administration continuera, pour la gestion et la surveillance de cette forêt, à assurer l'application du décret du 19 mars 1898, contresigné par mon prédécesseur, et dont copie est ci-jointe.

Agréez, etc.

Le Ministre de l'Agriculture,

*Signé :* Dupuy.

16

# TABLE

Paris. — Typ. de Firmin-Didot et Cⁱᵉ, impr. de l'Institut, 56, rue Jacob. — 40331.

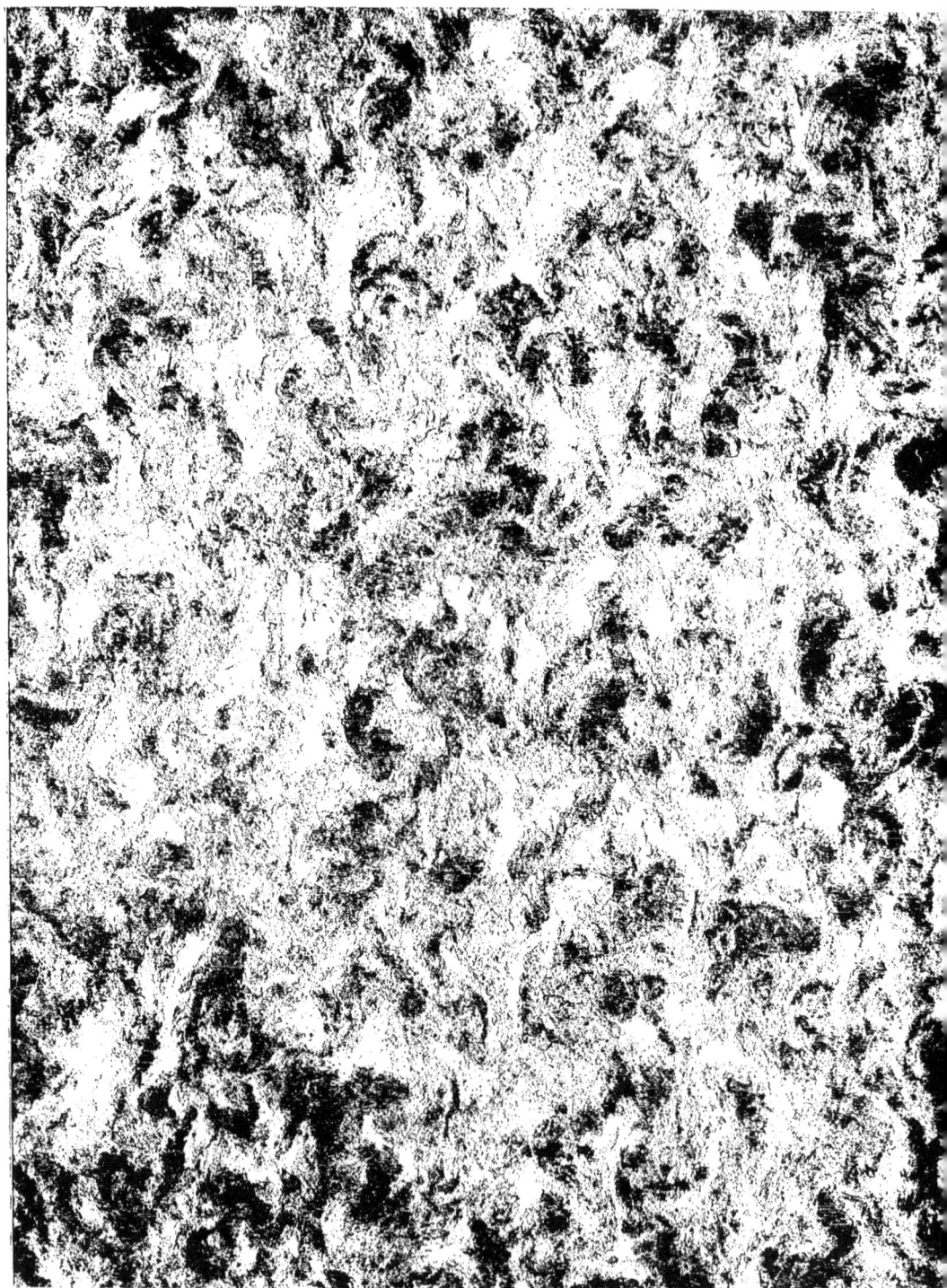

www.ingramcontent.com/pod-product-compliance
Lightning Source LLC
Chambersburg PA
CBHW070807290326
41931CB00011BA/2162